Wachsen und Erwachsenwerden

W0189739

Von Robyn Gee und Susan Meredith
Aus dem Englischen übersetzt von Angelika Seifert

Otto Maier Ravensburg

Inhalt

9 8 7 6   94 93 92 91

Titel der englischen Originalausgabe:
Understanding the Facts of Life
Redaktion: Cheryl Evans und Robyn Gee
Aus dem Englischen übersetzt von Angelika Seifert
Fachberater der Originalausgabe:
Judy Cunnington (London Marriage Guidance
Council), Dr. Peter Hope und Fran Reader (London
University College Hospital), Judith Schott
Illustrationen: Kuo Kang Chen, David Gifford,
Rob McCaig, Lee Montgomery und Sue Stitt

Buchgestaltung: Roger Priddy
Umschlaggestaltung: Ekkehard Drechsel unter
Verwendung von Illustrationen aus dem Inhalt
© 1985 by Usborne Publishing, London
Alle Rechte der deutschen Bearbeitung liegen beim
Ravensburger Buchverlag Otto Maier GmbH
© 1987 by Ravensburger Buchverlag Otto Maier GmbH
Printed in Spain

ISBN 3-473-35625-5

Über das Erwachsenwerden

Seit dem Tag deiner Geburt hast du dich ständig weiterentwickelt. So wie ein Säugling allmählich zu einem Kind heranwächst, so kommt auch im Leben jedes Kindes eine neue Phase, in der das Kind zum Erwachsenen heranreift. Diese Phase nennt man *Pubertät*, abgeleitet vom lateinischen Wort pubes, was so viel wie eintretende Geschlechtsreife bedeutet.

Pubertät

Die Entwicklungsphase der Pubertät beginnt etwa mit dem 11. Lebensjahr (manchmal auch früher) und ist erst ungefähr mit dem 18. Lebensjahr (selten später) abgeschlossen. Sie bringt die verschiedensten psychischen (geistigen und seelischen) sowie physischen (körperlichen) Veränderungen mit sich. Dieses Buch befaßt sich in erster Linie mit der Erklärung der physischen Veränderungen.

Wachstum

Die ersten Seiten handeln von der Wachstumsphase in der Pubertät und von den Veränderungen, die sich mit deiner Stimme und in deinem Körper vollziehen.

Geschlechtsreife

Die körperlichen Veränderungen, die sich bei einem Jugendlichen in der Pubertät – zumeist während der ersten Jahre dieser Phase – einstellen, führen zur Geschlechtsreife.
Die Seiten 8 und 9 beschreiben ganz allgemein, wann und wie diese körperlichen Veränderungen zur Geschlechtsreife führen. Die folgenden Seiten behandeln dann die einzelnen Veränderungen genauer.

Sexualität und Babys

Die wichtigste Veränderung ist sicherlich, daß du nach der Geschlechtsreife ein Kind zeugen bzw. empfangen kannst. Auf den Seiten 16 bis 33 findest du deshalb viele Informationen über Geschlechtsverkehr, Zeugung, Empfängnis und Empfängnisverhütung.

Gefühle

Obwohl sich dieses Buch hauptsächlich mit den körperlichen Veränderungen während der Pubertät befaßt, sind doch auch die Veränderungen deiner Gefühle von großer Bedeutung für dich. Deshalb findest du auf Seite 43 einiges über die Vielfalt und Schwankungen deiner Gefühle während dieser Phase.

Was sonst noch wichtig ist

Weitere Informationen über all die Dinge, die deinen Körper beeinflussen, wie etwa Essen, Hygiene, Rauchen und Alkohol, findest du auf den Seiten 34 bis 42.
Ab Seite 44 findest du ein Verzeichnis mit Erklärungen von Fremdwörtern, Fachbegriffen und umgangssprachlichen Ausdrücken. Dabei sind auch Begriffe berücksichtigt worden, die zwar im Buch nicht verwendet wurden, die dir aber woanders begegnen könnten.

Das Wachstum

Die erste sichtbare Veränderung deines Körpers in der Pubertät besteht meistens darin, daß du plötzlich in die Höhe schießt. Dieser *Wachstumsschub* wird durch Hormone ausgelöst. Das sind Stoffe, die in bestimmten Drüsen hergestellt werden. Über Drüsen und Hormone erfährst du später mehr. Nur im Alter von zwei Jahren bist du schon einmal so schnell gewachsen wie während dieser Wachstumsphase, in der ein Junge durchschnittlich um sieben bis zwölf Zentimeter, ein Mädchen etwa sechs bis elf Zentimeter im Jahr größer wird. Auf dieser Seite erfährst du mehr darüber, wann du wächst, und aus der Tabelle unten kannst du ungefähr deine künftige Größe errechnen.

Größe
mit 10 Jahren

1,39 m
78 %

1,40 m
84,4 %

Auf den Bildern oben und auf der nächsten Seite findest du Zahlenangaben über die Durchschnittsgröße von Männern und Frauen in verschiedenen Phasen ihres Lebens. Der jeweilige Prozentsatz bezieht sich auf den Anteil an der endgültigen Größe.
Bei Mädchen beginnt der Wachstumsschub ungefähr mit 10 1/2 Jahren, bei Jungen ungefähr mit 12 1/2 Jahren. Deshalb sind viele Mädchen eine Zeitlang größer als gleichaltrige Jungen. Sie holen die Mädchen aber meist mit etwa 14 Jahren wieder ein. Die Spanne bis zur endgültigen Größe ist zu diesem Zeitpunkt bei Jungen größer als bei Mädchen.

Wie groß du wirst

Mit Hilfe dieser Tabelle kannst du errechnen, wie groß du ungefähr sein wirst, wenn du ausgewachsen bist. Die Zahlen unter „Jungen" und „Mädchen" geben den Prozentsatz deiner endgültigen Größe an, den du in einem bestimmten Alter erreicht hast. Folgende Rechnung mußt du dabei durchführen:

$$\frac{\text{augenblickliche Größe (in cm)}}{\% \text{ der endgültigen Größe (s. Tab.)}} \times \frac{100}{1}$$

In diesem Beispiel wird die endgültige Größe eines Jungen ausgerechnet, der mit 9 Jahren 1,30 Meter groß ist:

$$\frac{130}{75} \times \frac{100}{1} = \frac{520}{3} = 173,3$$

Dieser Junge wird wahrscheinlich eine endgültige Größe von etwa 1,73 Meter erreichen.

Alter	Prozent	
	Jungen	Mädchen
8	72 %	77,5 %
9	75 %	80,7 %
10	78 %	84,4 %
11	81,1 %	88,4 %
12	84,2 %	92,9 %
13	87,3 %	96,5 %
14	91,5 %	98,3 %
15	96,1 %	99,1 %
16	98,3 %	99,6 %
17	99,3 %	100 %
18	99,8 %	100 %
19	100 %	100 %

Mit 13 Jahren

Mit 19 Jahren

1,55 m
87,3 %

1,57 m
96,5 %

1,78 m
100 %

1,67 m
100 %

Bei all diesen Zahlen darfst du nicht vergessen, daß es sich immer nur um Durchschnittswerte handelt. Das Wachstum wie alle anderen Veränderungen in der Pubertät verläuft bei jedem Jugendlichen unterschiedlich. Deine endgültige Größe hängt nicht von dem Alter ab, in dem der Wachstumsschub einsetzt. Sie wird in erster Linie durch die Erbanlagen bestimmt, die du von deinen Eltern mitbekommen hast. Einige Jugendliche wachsen nicht so schubweise, sondern werden ganz allmählich immer größer.

Die Knochen wachsen

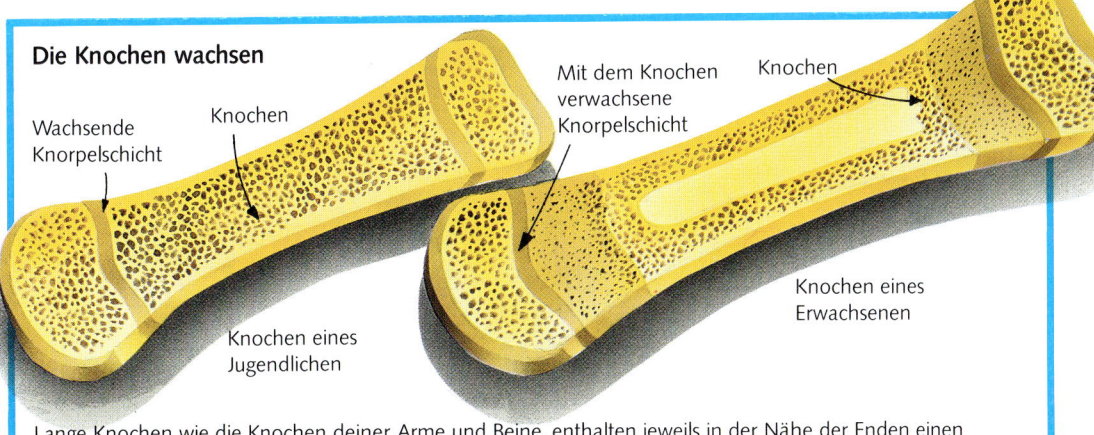

Wachsende Knorpelschicht

Knochen

Mit dem Knochen verwachsene Knorpelschicht

Knochen

Knochen

Knochen eines Jugendlichen

Knochen eines Erwachsenen

Lange Knochen wie die Knochen deiner Arme und Beine, enthalten jeweils in der Nähe der Enden einen elastischen Stoff, den *Knorpel*. Der Knochen wächst mit der Ausdehnung der Knorpelschicht. Unter dem Einfluß von Geschlechtshormonen verbindet sich der Knorpel allmählich mit dem Knochen, der dann zu wachsen aufhört. Einer der Gründe, weshalb Frauen im allgemeinen kleiner als Männer sind, liegt darin, daß sie ihre Geschlechtsreife früher erlangen und somit die Zeit ihres Wachstums kürzer ist.

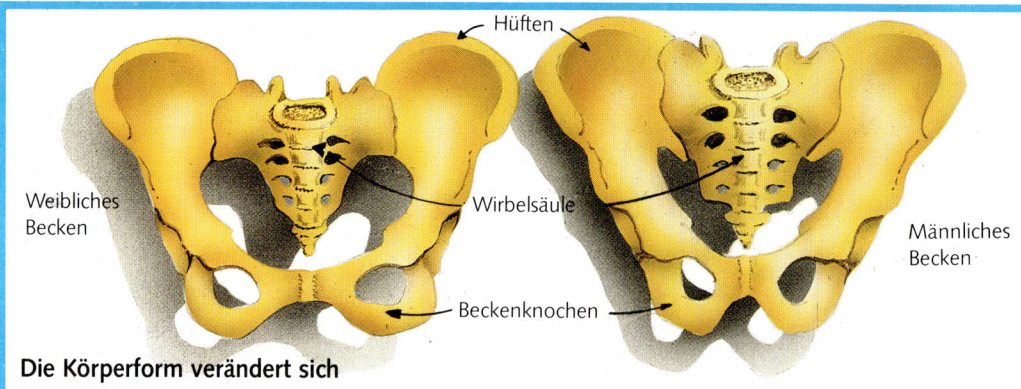

Hüften

Weibliches
Becken

Wirbelsäule

Männliches
Becken

Beckenknochen

Die Körperform verändert sich

Je größer du wirst, desto mehr verändert sich auch die Form deines Körpers. Die weiblichen Becken-knochen, und damit auch die Hüften der Frau, werden breiter, so daß im Hohlraum des Beckens der Platz entsteht, den ein heranwachsender Embryo während der Schwangerschaft braucht. Bei Männern werden die Schultern breiter und kräftiger.

Der Stimmbruch

Je mehr du wächst, desto größer wird auch dein *Kehlkopf*, und mit dem wachsenden Resonanzraum wird deine Stimme tiefer. Die Stimmen der meisten Menschen verändern sich nur ganz allmählich, manche schlagen allerdings ganz plötzlich „um". Männer haben einen größeren Kehlkopf als Frauen, deshalb können sich bei ihnen tiefere Stimmen bil-den. Beim Mann stehen die Kehlkopfknorpel, der sogenannte „Adamsapfel", manchmal richtig hervor. Manche Jungen empfinden es als sehr unangenehm, wenn ihre Stimme während der Pubertät oft plötzlich die Tonhöhe wechselt. Für einen Augenblick geraten dann nämlich die Kehlkopfmuskeln außer Kontrolle.

Kehlkopf
(vergrößert)

„Adamsapfel"

„Adamsapfel"

Stimm-
bänder

Muskeln

Das Gesicht verändert sich

Dein Gesicht verändert sich während der Pubertät ganz erheblich. Man könnte sagen, daß es aus dem Schä-del heraus nach unten wächst. Nase und Kinn tre-ten weiter hervor, und der Haaransatz wird höher. Die Gesichter von Jungen ver-ändern sich mehr als die Gesichter von Mädchen.

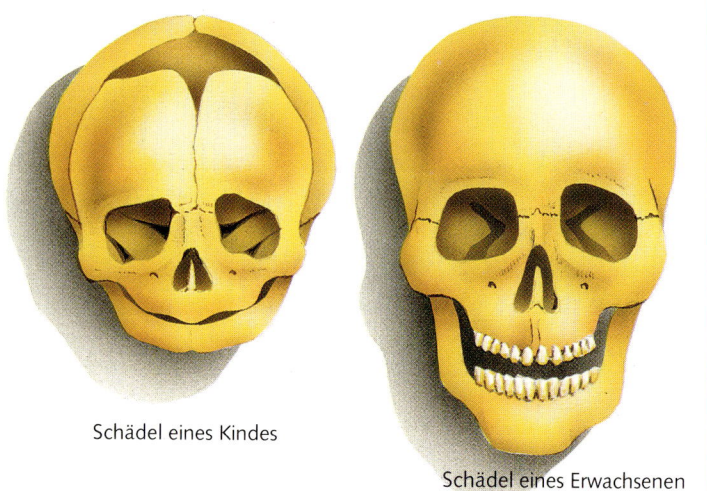

Schädel eines Kindes

Schädel eines Erwachsenen

Die Muskeln

◄ Während du wächst, werden auch deine Muskeln größer und stärker. Bei deiner Geburt bestehen etwa 20 Prozent deines Körpers aus Muskeln, zu Beginn der Pubertät sind es ungefähr 25 Prozent, und wenn du erwachsen bist, werden es 40 Prozent sein. An ihrer Größe gemessen, haben Männer gewöhnlich mehr Muskeln als Frauen. Manche Leute behaupten zu Unrecht, daß bei einem zu schnellen Wachstumsschub die Masse der Muskeln für die Körpergröße nicht ausreicht. Deine Muskeln wachsen aber oft schneller als deine Kraft, und es kann auch sein, daß du zuweilen stärker aussiehst, als du in Wirklichkeit bist.

Warum Männer meistens stärker als Frauen sind

◄ Männer haben gewöhnlich mehr Kraft als Frauen. Das liegt nicht nur am Aufbau ihres Körpers, an ihren Muskeln und ihrer Größe, sondern auch an der Tatsache, daß ihr Herz und ihre Lungen im Vergleich zu ihren Körperausmaßen größer sind. Dieser Unterschied an Kraft und Größe wird häufig durch die Erziehung betont, indem z. B. Jungen mehr zu Sport angehalten werden als Mädchen. Männer sind deshalb aber nicht gesünder als Frauen, im Gegenteil, Frauen sind gewöhnlich ausdauernder und leben länger.

Die „Traumfigur"

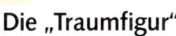

◄ Manche Leute leiden darunter, daß ihre Figur nicht einer bestimmten Idealform oder -größe entspricht. Dafür ist zum Teil die Werbung verantwortlich, die in Film und Fernsehen sowie in Zeitungen und Zeitschriften vor allem Frauen mit „idealer" Figur zeigen. In Wirklichkeit sind Figur oder Größe Geschmackssache, und es gibt bestimmt jemanden, der gerade deine Figur oder Größe anziehend findet. Du brauchst dir wirklich keine Sorgen zu machen, solange du nicht stark über- oder untergewichtig bist.

▲ Während des Wachstumsschubs wachsen die einzelnen Teile deines Körpers nicht alle gleich schnell. Zuerst werden deine Füße und Hände größer, dann deine Arme und Beine. Erst etwa ein Jahr später wächst auch der Rest deines Körpers. Diese Längenunterschiede sind oft kaum bemerkbar, aber manche Jugendliche fühlen sich doch recht unwohl mit ihren übergroßen Händen oder Füßen. Die Koordination (Zusammenwirken) der Glieder und Muskeln funktioniert aber in der Pubertät nicht schlechter als sonst.

Was geschieht in der Pubertät?

Mit dem Beginn der Pubertät treten viele Veränderungen in deinem Körper auf. Sie dienen in erster Linie dazu, daß du Kinder zeugen bzw. empfangen und austragen kannst. Die wichtigste Veränderung findet in deinen *Geschlechtsorganen** statt: Sie wachsen, entwickeln sich weiter und erzeugen *Geschlechts-* oder *Keimzellen***, aus denen dann Kinder entstehen können. Manche Veränderungen wirst du nicht einmal wahrnehmen, weil sie sich innerhalb deines Körpers abspielen. Andere wiederum sind äußerlich sichtbar, wie die Bilder rechts zeigen.

Der Wachstumsschub beginnt.

Das Gesicht verändert sich.

Die Barthaare beginnen zu wachsen.

Die Stimme wird tiefer.

Schultern und Brust werden breiter.

Die Achselhaare beginnen zu wachsen.

Die Schamhaare beginnen zu wachsen.

Penis und Hoden werden größer. In den Hoden werden die Spermien erzeugt; das sind die männlichen Geschlechts- oder Samenzellen.

Sekundäre Geschlechtsmerkmale

Einige Veränderungen deines Körpers während der Pubertät haben keine Bedeutung für deine Fähigkeit, Kinder zu zeugen bzw. zu bekommen. Dazu gehören der Bartwuchs bei Jungen oder die Entwicklung der Brüste bei Mädchen. Man unterscheidet diese Merkmale von den Geschlechtsorganen, den *primären Geschlechtsmerkmalen*, und nennt sie *sekundäre Geschlechtsmerkmale*. Ihre Bedeutung liegt in der Signalwirkung und Anziehungskraft auf das andere Geschlecht.

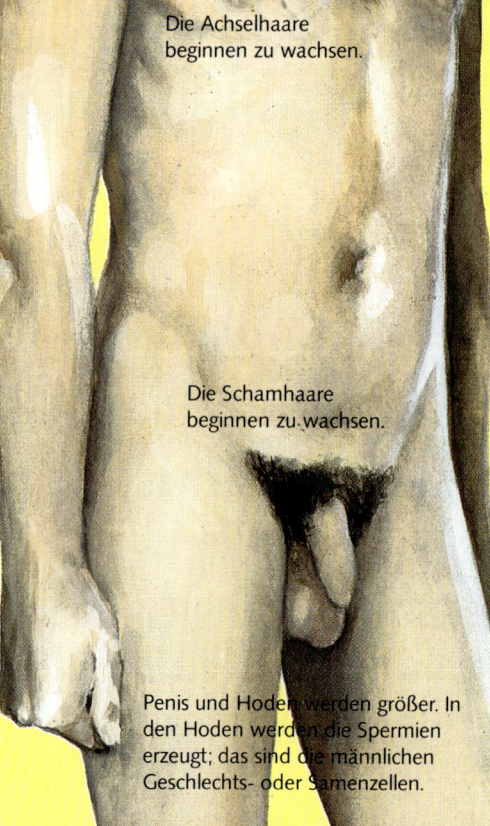

8

* Ein Organ ist ein zu bestimmter Leistung dienender Teil des Körpers.
** Eine Zelle ist die kleinste lebende Einheit im menschlichen Körper.

Der Wachstumsschub beginnt.

Das Gesicht
verändert sich.

Die Brüste werden größer.

Die Achselhaare
beginnen zu wachsen.

Die Hüften werden breiter.

Die Hüften umspannen den
Beckenknochen. Ein Bild des
Beckenknochens findest du auf
Seite 6.

Die Schamhaare
beginnen zu wachsen.

Die Eierstöcke im Unterleib werden größer.
In ihnen entwickeln sich die weiblichen
Geschlechtszellen, die Eizellen. Die Periode
beginnt (siehe Seite 20 bis 23).

Wann beginnt die Pubertät?

Es gibt keinen festen Zeitpunkt für den Beginn der Pubertät, sondern er ist von Geschlecht zu Geschlecht und von Mensch zu Mensch unterschiedlich. Bei Mädchen ist das Durchschnittsalter 11 Jahre, bei Jungen 13 Jahre. Laß dich durch diese Zahlen aber nicht irreführen – bei Mädchen kann die Pubertät irgendwann zwischen acht und siebzehn Jahren, bei Jungen zwischen zehn und achtzehn Jahren beginnen.

Diese lange Zeitspanne kann zur Folge haben, daß zwei gleichaltrige Jugendliche sich auf ganz verschiedenen Entwicklungsstufen befinden. Der eine hat vielleicht seine körperliche Entwicklung schon abgeschlossen, bevor der andere sie überhaupt begonnen hat.

Diese „Phasenverschiebung" ruft bei manchen Jugendlichen unangenehme Gefühle hervor. Du solltest aber wissen, daß weder der „Frühentwickler" noch der „Spätentwickler" in irgendeiner Weise unnormal ist; es ist auch keiner „besser" als der andere.

Der Zeitpunkt, zu dem die Pubertät einsetzt, hat keinerlei Einfluß auf dein Leben als Erwachsener. Ob dein Körper nun schnell oder langsam heranreift, er wird sich in jedem Fall so lange weiterentwickeln, bis du ganz erwachsen bist.

Der Zeitpunkt für den Beginn der Pubertät hängt in erster Linie von deinen Erbanlagen ab. Jedoch kann hier dein Körperbau eine Rolle spielen: kleine, untersetzte Menschen entwickeln sich gewöhnlich schneller als große.

Wie die Geschlechtsreife beginnt

Alle Veränderungen, die während der Pubertät in deinem Körper vor sich gehen, nehmen
ihren Anfang im Gehirn und werden durch
chemische Stoffe, die *Hormone*, ausgelöst.
Während der Kindheit ist der Hormongehalt
in deinem Körper niedrig. Während der
Pubertät gibt dein Gehirn den Befehl zur Ver-
mehrung dieser Hormone, und dein Körper
produziert infolgedessen Keimzellen: Eizellen
bzw. Samenzellen. Zusätzlich werden auch
noch vermehrt andere Hormone, die sogenannten *Geschlechtshormone* gebildet. Sie
lösen die übrigen Veränderungen während
der Pubertät aus.

Wie das Gehirn die Geschlechtsreife steuert

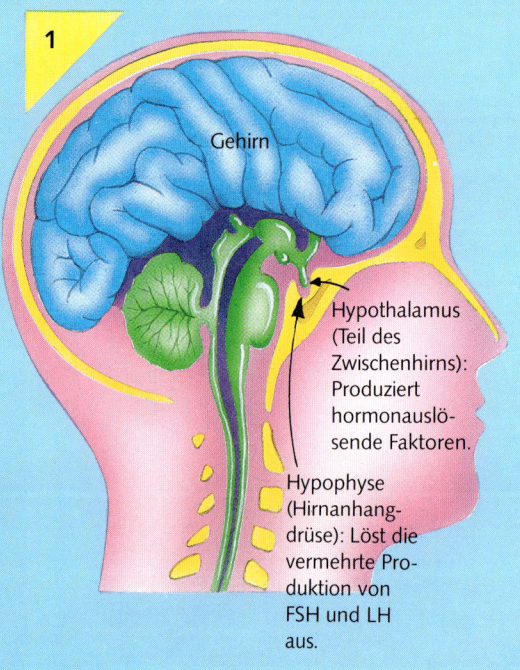

1

Gehirn

Hypothalamus
(Teil des
Zwischenhirns):
Produziert
hormonauslö-
sende Faktoren.

Hypophyse
(Hirnanhang-
drüse): Löst die
vermehrte Pro-
duktion von
FSH und LH
aus.

2

Gehirn

Hypophyse

Die Produktion
von FSH und
LH wird vom
Gehirn aus-
gelöst.

Die Hormone
Östrogen und
Progesteron
werden in den
Körper
geschickt.

Eierstöcke

Östrogen und
Progesteron
werden in den
Eierstöcken pro-
duziert.

Eizelle

Eizelle
(vergrößert)

Weiblicher Körper

Der Beginn der Geschlechtsreife wird durch einen Teil
deines Gehirns, den *Hypothalamus*, ausgelöst. Sobald
dieser Teil des Gehirns einen bestimmten Entwicklungsstand erreicht hat, schickt er große Hormonmengen in einen anderen Teil deines Gehirns, die
Hypophyse oder Hirnanhangdrüse. Man nennt diese
Hormone *Auslösefaktoren*, weil sie die Hirnanhangdrüse zur vermehrten Produktion zweier weiterer
Hormone, des FSH und des LH*, veranlassen.

FSH und LH veranlassen die Entwicklung von Eizellen
in den Eierstöcken und die Entwicklung von Samenzellen.
Als nächstes produzieren Eierstöcke und Hoden von
sich aus große Mengen an Hormonen, die
Geschlechtshormone. Das wiederum führt einerseits
zur weiteren Entwicklung der Eierstöcke bzw. der
Hoden und andererseits zu den übrigen Veränderungen, die der Körper in der Pubertät erfährt, z. B. die

* FSH steht für Follikel-stimulierendes Hormon und LH für Luteinisierungs-Hormon.

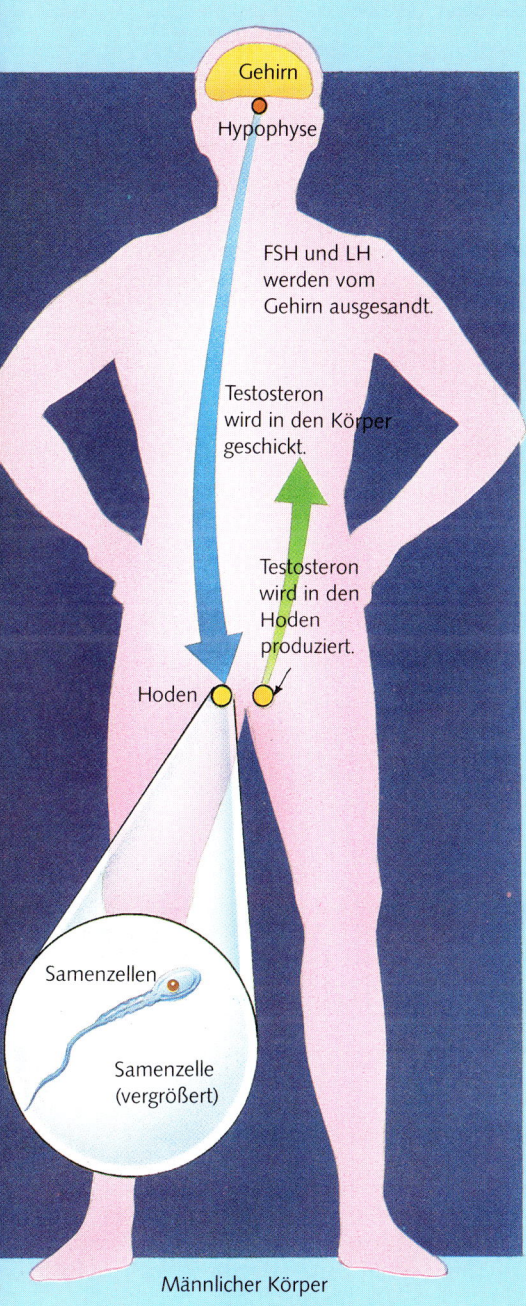

Gehirn

Hypophyse

FSH und LH
werden vom
Gehirn ausgesandt.

Testosteron
wird in den Körper
geschickt.

Testosteron
wird in den
Hoden
produziert.

Hoden

Samenzellen

Samenzelle
(vergrößert)

Männlicher Körper

Was sind Hormone?

1

Auf dem Bild oben sind Kristalle des männlichen
Geschlechtshormons Testosteron in vieltausend-
facher Vergrößerung zu sehen. Viele der Veränderungen, die im männlichen Körper während
der Pubertät vor sich gehen, sind auf das Testosteron zurückzuführen. Neben den Geschlechtshormonen gibt es im Körper noch viele andere
Arten von Hormonen. Das Adrenalin z.B. ist ein
Hormon, das bei Angst, Ärger oder Aufregung in
deinem Körper wirksam wird.

2 Endokrine
Drüse: Sie gibt
ihren Inhalt in
das Körper-
innere ab.

Blutgefäß

Die Zellen der
endokrinen
Drüse sind an
Blutgefäße
angelagert.

Entwicklung der Brüste bei Mädchen und des Bartes
bei Jungen. Die wichtigsten weiblichen Geschlechtshormone sind das *Östrogen* und das *Progesteron*;
das wichtigste männliche Geschlechtshormon ist das
Testosteron.
Sowohl Eierstöcke als auch Hoden produzieren nicht
nur die Geschlechtshormone des eigenen, sondern
auch geringe Mengen von Hormonen des anderen
Geschlechts.

Die Hormone in deinem Körper werden in Zell-
verbänden hergestellt, die man *endokrine
Drüsen* nennt. Ein Beispiel für eine endokrine
Drüse ist die Hirnanhangdrüse. Die Drüsen sind
an dünnwandige Blutgefäße angelagert. Die
Hormone der Drüsen treten in gelöster Form
durch die Wände der Blutgefäße ins Blut über,
das sie durch den ganzen Körper transportiert.
Die einzelnen Hormone beeinflussen verschiedene Teile deines Körpers.

11

Der Haarwuchs

Während der Pubertät beginnen an mehreren Stellen deines Körpers Haare zu wachsen. Der Mensch ist weitläufig mit dem Affen verwandt, und die Haare stammen noch aus einer Zeit, als der menschliche Körper über und über mit Haaren bedeckt war. Der Haarwuchs in der Pubertät wird durch die Geschlechtshormone ausgelöst. Wie lang und wie dicht die Haare bei dir wachsen, hängt von deinen Erbanlagen ab.*

Schamhaare

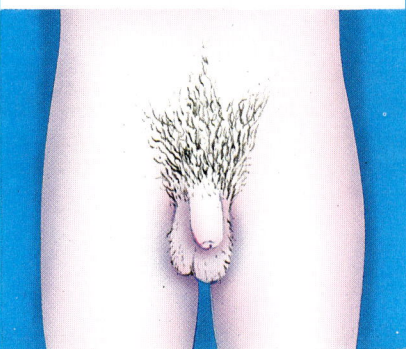

Weibliche Schamhaare

Männliche Schamhaare

Schamhaare sind die Haare, die im Bereich deiner äußeren Geschlechtsorgane oder Genitalien während der Pubertät wachsen. Sie bilden ein schützendes Polster über dem darunter liegenden Schambein und zählen zu den sekundären Geschlechtsmerkmalen. Wie die anderen Geschlechtsmerkmale sind sie ohne Bedeutung für die Zeugung, können aber dennoch anziehend auf das andere Geschlecht wirken. Zunächst sind die Schamhaare ganz weich, aber mit der Zeit werden sie stärker und krauser als deine Kopfhaare, von denen sie sich auch häufig in der Farbe unterscheiden.

Achselhaare

Auch in deinen Achselhöhlen beginnen sich Haare zu bilden, gewöhnlich allerdings erst ein bis zwei Jahre nach den Schamhaaren. Ob diese Haare eine bestimmte Funktion erfüllen, ist bisher nicht bekannt.

Manchmal verlangt es die Mode oder die Tradition, daß Frauen sich unter der Achsel rasieren – einen medizinischen Grund gibt es dafür nicht. Du schwitzt nicht weniger, und die Haare wachsen immer wieder nach. Statt eines Rasierapparats kannst du dafür eine spezielle Enthaarungscreme verwenden; beachte dabei aber unbedingt die Anweisungen auf dem Packzettel, da die Haut unter den Achseln sehr empfindlich ist!

Die Behaarung des Körpers

Bei Jungen wie bei Mädchen beginnen während der Pubertät Haare auf Armen und Beinen zu wachsen. Bei Jungen ist häufig auch die Brust behaart, manchmal auch Unterleib, Schultern, Rücken, Hände und Füße. Die Behaarung eines männlichen Körpers ist auffälliger, weil das Haar stärker ist; außerdem wirken dunkle Haare auffälliger als helle.

Ein starker Haarwuchs auf dem Körper macht einen Mann nicht „männlicher" und hat nichts mit seinen sexuellen Fähigkeiten zu tun. Obwohl Haarwuchs etwas durchaus Natürliches ist, entfernen manche Frauen mit Enthaarungscreme oder einem Rasierapparat die Haare, vor allem an den Beinen. Bevor du auch damit anfängst, solltest du dir klarmachen, daß die Haare doch wieder nachwachsen, vielleicht sogar dicker als zuvor.

12

* Über deine Kopfhaare findest du mehr auf Seite 42.

Der Bart

Der Bartwuchs bildet im allgemeinen die letzte Stufe der körperlichen Veränderungen, die ein junger Mann während der Pubertät durchlebt. Als erstes sprießen die Haare über der Oberlippe, dann an den Wangen und zuletzt am Kinn. Viele Männer haben seitlich am Kinn kleine bartlose Flecken. Auch die Barthaare sind zunächst weich, werden aber allmählich immer härter. In ihrer Farbe unterscheiden sie sich bisweilen von der Farbe der Kopfhaare. Manche Fachleute meinen, daß der Bart eines Mannes in seiner Funktion einem Hahnenkamm entspricht und daß es sich um ein bedeutendes sekundäres Geschlechtsmerkmal handelt.

Rasieren

Manche Jungen genieren sich, wenn ihr Bart zu wachsen beginnt. Wenn es dir auch so geht, kannst du mit dem Rasieren ruhig schon anfangen, bevor der Bartwuchs richtig dicht ist. Andererseits brauchst du dich überhaupt nicht zu rasieren und kannst deinen Bart auch wachsen lassen. In diesem Fall solltest du ihn allerdings sauberhalten. Am schnellsten und bequemsten rasiert man sich mit einem elektrischen Rasierapparat. Viele Männer empfinden sich jedoch sauberer rasiert, wenn sie Rasierschaum oder -seife und Rasierklinge verwenden. Allerdings schneidet man sich damit leichter. Die meisten Männer rasieren sich so, wie du es auf der Abbildung siehst.

1 Beginne bei einem Ohr und rasiere die eine Gesichtshälfte bis zum Kinn. Rasiere von oben nach unten, sonst tut es weh. Dann machst du das-

2 selbe mit der anderen Gesichtshälfte, rasierst über der Oberlippe und dann unterm Kinn. Dort rasierst du vorsichtig auch von unten nach oben.

Falls deine Haut durch die Naßrasur wund wird, kannst du sie mit etwas Körperpuder beruhigen. Wenn du zum Rasieren warmes Wasser verwendest, öffnen sich die Poren deiner Haut; das kalte Wasser, mit dem du nach der Rasur die Gesichtshaut abwäschst, schließt die Poren wieder. Dieselbe zusammenziehende Wirkung haben Aftershave-Lotionen (Rasierwasser für nach der Rasur), sie brennen deshalb auch etwas auf der Haut. Nimm nicht zuviel davon, sonst wird deine Haut trocken und schuppig.

Mädchen mit Bart

Auch bei vielen Mädchen wächst ein ganz zarter Haarflaum im Gesicht, der kaum wahrzunehmen ist. Bei dunklen Haaren ist er leichter sichtbar. Wenn dich das stört, kannst du entweder eine Enthaarungscreme verwenden oder das Haar von einer Kosmetikerin färben lassen. Fang nicht an, dich zu rasieren, die weibliche Gesichtshaut ist empfindlicher als die männliche, und womöglich wachsen die Haare verstärkt nach.

Einzelne Haare

An jeder Stelle deines Körpers können vereinzelt starke Haare wachsen. Du kannst sie ausreißen oder abschneiden. Zieh keine Haare heraus, die auf einem Muttermal wachsen; schneide sie statt dessen lieber ab; die Entzündung eines Muttermals kann gefährlich sein und im schlimmsten Fall zu Krebs führen.

13

Die Brüste

In der Alltagsprache wird für Brüste häufig das Wort Busen gebraucht. Der Busen ist jedoch fachsprachlich die Vertiefung zwischen den beiden Brüsten. Entsprechend der Alltagsprache werden hier beide Begriffe als gleichbedeutend verwendet. Die Entwicklung der Brüste ist eine der sichtbarsten Veränderungen des weiblichen Körpers während der Pubertät. Das Hormon Östrogen, das von den Eierstöcken produziert wird, bewirkt diese Entwicklung etwa im Alter von elf Jahren an. Zuerst wachsen deine Brustwarzen.

Einige Mädchen haben unangenehme Gefühle in ihren Brüsten, während sie wachsen. Es kommt auch vor, daß eine Brust schneller als die andere wächst. Dieser Unterschied gleicht sich aber später wieder aus, obwohl die beiden Brüste einer Frau nie ganz genau gleich groß sind. Wann deine Brüste zu wachsen beginnen, hat keinerlei Einfluß auf ihre spätere Größe. Normalerweise ist die Entwicklung der Brüste mit etwa 16 Jahren abgeschlossen.

Woraus besteht die Brust?

Aus dieser Querschnittszeichnung kannst du Aufbau und Funktion der Brust erkennen.

1

Nach der Geburt eines Kindes löst die Hypophyse bei der Mutter die Produktion von Milch in diesen Teilen der Brust aus. Die Milch setzt sich aus Stoffen zusammen, die aus dem Blut auf seinem Weg durch die Brust austreten.

2

Jede Brust enthält zwischen fünfzehn und zwanzig solcher „Gänge". Sie sind in der Kindheit noch ganz klein, vergrößern und verzweigen sich aber während der Pubertät. Die Milch, die nach der Geburt eines Säuglings in den Brüsten entsteht, fließt in diese Gänge und wird dort gespeichert, bis der Säugling sie braucht.

3

Die Brustwarze ist der empfindlichste Teil der Brust. Sie kann durch gewisse Empfindungen wie Kälte oder Berührung erregt werden und sie richtet sich auf, wenn sich die winzigen Muskeln an ihrer Basis zusammenziehen. Es gibt keine allgemeingültige Form für Brustwarzen. Manche, die sogenannten Schlupfwarzen, sind nach innen statt nach außen gekehrt. Ein Säugling, der von der Mutter gestillt wird, saugt die Milch durch mikroskopisch kleine Löcher in der Brustwarze nach außen. Ein Hormon aus der Hypophyse ermöglicht den Milchfluß.

Wozu dienen die Brüste?

Die Hauptaufgabe der weiblichen Brüste ist die Ernährung eines Säuglings. Daneben sind Brüste aber auch wichtige sekundäre Geschlechtsmerkmale. Sie wirken anziehend und reagieren auf Berührung, was die sexuelle Lust der Frau erhöht.

4

Die Brustwarze ist vom Warzenhof umgeben, der rosa bis dunkelbraun aussehen kann. Mit zunehmendem Alter und bei Schwangerschaften wird er dunkler.
Die winzigen Knötchen im Warzenhof sind Drüsen. Während der Stillzeit bildet sich in ihnen eine fetthaltige Substanz, die die Brustwarzen polstert und somit schützt.
Auf dem Warzenhof wachsen manchmal einzelne Haare, die du abschneiden kannst, wenn du willst.

5

Wenn sich die Milchkanäle während der Pubertät erweitern, bildet sich um sie herum eine schützende Fettschicht. Diese Fettschicht ist es, die die Größe deiner Brust bestimmt.

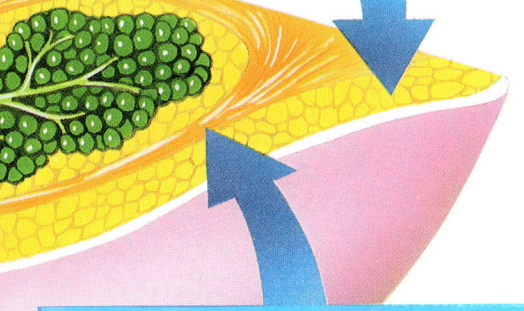

6

Die Kanäle sind durch elastische Fasern voneinander getrennt. Je älter du wirst, desto stärker dehnen sich diese Fasern aus, und die Brüste hängen dann weiter herab.

Der „Traumbusen"

Viele Frauen finden ihren Busen zu groß oder zu klein. Ursache für diese Unzufriedenheit ist sicher häufig das „Idealbild" der Frau, wie es in den Massenmedien zum Ausdruck kommt. Für die Natur besteht hier kein Problem: Für sie kommt es nur auf den milchproduzierenden Teil der Brüste an; der Anteil der Fettschicht, der die Größe des Busens ausmacht, kümmert sie nicht. Glücklicherweise besteht kein Unterschied in der Empfindsamkeit von großen und kleinen Brüsten, und auch für Männer ist ein großer oder kleiner Busen reine Geschmackssache.

Jungen mit Busen

In der Pubertät entwickeln sich auch bei manchen Jungen Brüste. Mach dir deshalb keine Sorgen; du bist nicht auf dem Weg zu einer Geschlechtsumwandlung. Deine „Brüste" werden in den folgenden $1^1/_2$ Jahren wieder verschwinden, nämlich sobald sich die Hormonproduktion deines Körpers eingespielt hat.

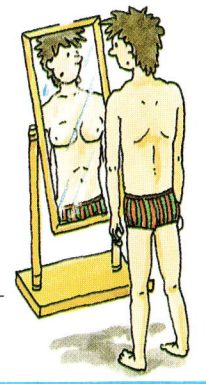

15

BH – ja oder nein?

Es liegt völlig in deiner Entscheidung, ob du einen Büstenhalter tragen willst oder nicht. Wenn du dich wohler ohne fühlst, so gibt es keinen medizinischen Grund, der dagegen spräche. Wenn du älter wirst und sich die elastischen Fasern ausdehnen, ist es ohnehin ganz natürlich, daß deine Brüste weiter herabhängen. Dagegen hilft ein BH auch nicht viel. Allerdings leiern die Fasern bei schweren Brüsten leichter aus. Wenn du einen großen Busen hast, solltest du dich zum Tragen eines Büstenhalters entscheiden. Die meisten Frauen tragen beim Sport oder bei der Gymnastik lieber einen Büstenhalter.

Wenn du einen BH kaufst…

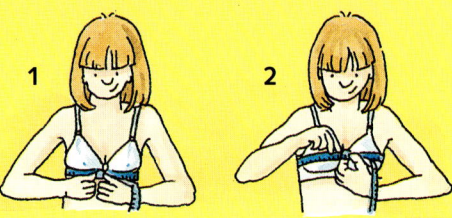

Wenn du einen Büstenhalter kaufen willst, mußt du zwei Maße angeben:
1. Deinen Brustumfang, den du herausfindest, indem du deinen Brustkorb unmittelbar unter den Brüsten mißt und 12 Zentimeter hinzufügst.
Zum Beispiel 68 cm + 12 cm = Größe 80

2. Die Körbchengröße. Sie ergibt sich, indem du den weitesten Umfang deiner Brust mißt. Mißt du dieselbe Zentimeterzahl wie beim Brustumfang, dann brauchst du A-Körbchen. Beträgt der Unterschied bis zu 2,5 Zentimeter, dann brauchst du B-Körbchen, und bei fünf und mehr Zentimetern benötigst du C-Körbchen.

Wird der Busen durch Gymnastik größer?

Du kannst deinen Busen nicht vergrößern, weder durch gezielte Gymnastik noch durch Sport. Deine Muskeln werden zwar dadurch stärker, aber das hilft dem Busen nicht, denn in ihm sind keine Muskeln. Andererseits wird die Brustmuskulatur durch manche Sportarten wie Schwimmen gestärkt.

Die weiblichen Geschlechtsorgane

Die wesentlichste Veränderung des weiblichen Körpers ist das Wachstum der Geschlechtsorgane. Erst wenn sie voll entwickelt sind, kannst du ein Kind bekommen. Mädchen sind sich der Veränderungen ihrer Geschlechtsorgane oft gar nicht bewußt, weil sie größtenteils innerhalb ihres Körpers ablaufen.

Auf dem Bild rechts sind die äußeren weiblichen Geschlechtsorgane abgebildet. Über die inneren Geschlechtsorgane der Frau findest du mehr auf den Seiten 18 und 19 und über die des Mannes auf den Seiten 24 und 25.

Die äußeren Geschlechtsorgane werden auch *Genitalien* genannt. Die Genitalien der Frau sind weniger sichtbar als die des Mannes.

Vulva: Die äußeren sichtbaren Geschlechtsteile der Frau werden auch mit dem lateinischen Namen Vulva bezeichnet, das bedeutet Öffnung. Auf dem Bild kannst du ihre verschiedenen Teile erkennen. Deine eigene Vulva kannst du nur mit einem Spiegel sehen. Denk dir nichts, wenn deine Vulva sich in der Form von der hier abgebildeten etwas unterscheidet. Die äußeren Geschlechtsorgane sehen, wie alle übrigen Körperteile auch, bei jedem Menschen ein wenig anders aus.

1
Große Schamlippen: Das sind zwei dicke Hautfalten oder „Lippen", die Fettgewebe enthalten und auf denen die Schamhaare wachsen. Gewöhnlich schließen sie sich schützend über den inneren Teilen der Vulva.

2
Harnröhrenöffnung: Austrittsöffnung für den Harn oder Urin, der aus der Blase kommt und durch die Harnröhre dorthin transportiert wird.

3

Venushügel: Eine Erhebung aus Fett, die schützend über den Schambeinknochen liegt und auf der Schamhaare wachsen.

5

Klitoris oder Kitzler: der empfindlichste Teil des weiblichen Körpers. Der Kitzler der Frau entspricht dem Penis (Glied) des Mannes, obwohl der Kitzler nur etwa die Größe einer Erbse hat. Die Größe ist zwar von Frau zu Frau verschieden, beeinflußt aber nicht das Lustempfinden. In nicht erregtem Zustand ist nur die Spitze des Kitzlers sichtbar, die von den kleinen Schamlippen, die sich im vorderen Teil der Vulva vereinen, wie von einer Haube bedeckt wird.

6

Kleine Schamlippen: Sie sind dünner als die großen Schamlippen und unbehaart. Drüsen an ihrer hinteren Basis sondern bei Erregung eine Gleitflüssigkeit ab. Die beiden kleinen Schamlippen haben selten dieselbe Größe, und bei manchen Frauen ragen sie zwischen den großen Schamlippen hervor.

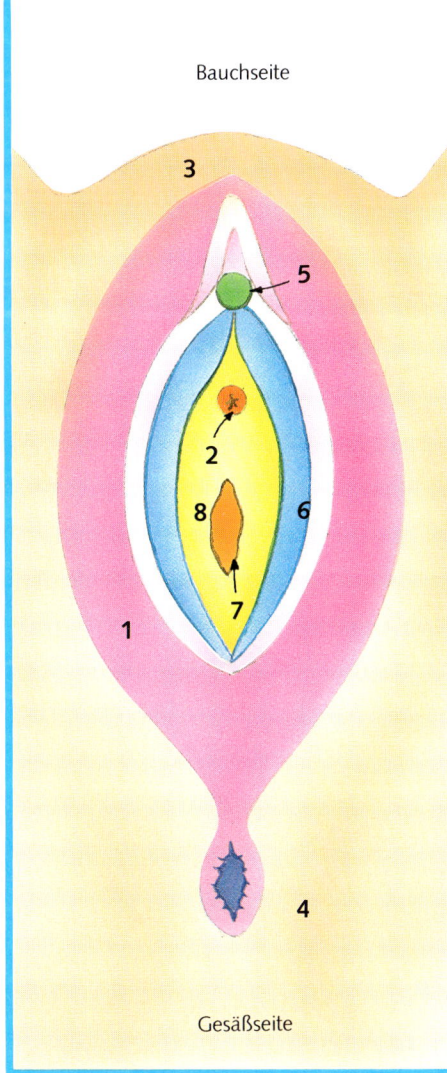

Bauchseite

Gesäßseite

7

Vaginal- oder Scheidenöffnung: Die Vagina ist eine Röhre, die zu den inneren Geschlechtsorganen führt und die sich an dieser Stelle nach außen öffnet. Durch diese Öffnung tritt das Blut während der Periode aus (siehe Seite 20). Hier dringt der Penis während des Geschlechtsverkehrs ein (siehe Seite 27), und durch dieselbe Öffnung verläßt das Kind bei seiner Geburt den Körper. Die Öffnung ist zwar klein, aber sie läßt sich schmerzlos dehnen.

8

Hymen oder Jungfernhäutchen: Eine dünne Hautschicht, die die Scheidenöffnung teilweise bedeckt. Je größer die Scheide während der Pubertät wird, desto weiter öffnet sich das Jungfernhäutchen. Auch wenn es noch ganz unbeschädigt erscheint, so hat es in den meisten Fällen eine genügend große Öffnung, durch die das Blut während der Periode austreten kann.

4

After: Das Ende des Verdauungstrakts (Kanal), durch den die unverdauten Abfallstoffe den Körper verlassen.

Die inneren Geschlechtsorgane

Das Bild rechts stellt die weiblichen Geschlechtsorgane von vorn dar. Die meisten sind im Querschnitt gezeichnet, so daß du sie auch von innen sehen kannst. Wie die übrigen Organe des Körpers wachsen auch die inneren Geschlechtsorgane während der Pubertät beträchtlich. So kann sich z. B. das Gewicht der Gebärmutter auf ungefähr 45 Gramm erhöhen.

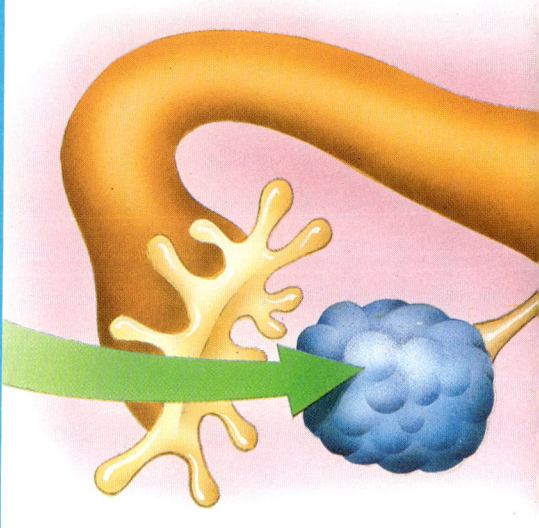

1

Eierstöcke: Jede Frau hat zwei Eierstöcke. Sie liegen ganz hinten an beiden Seiten des Unterleibs und sind durch Fasern mit der Gebärmutter verbunden. Voll entwickelte Eierstöcke haben etwa die Größe und die Form von Walnüssen.
Jedes Mädchen hat bereits bei der Geburt einen Vorrat von Hunderttausenden von *Eizellen* in ihren Eierstöcken. Während der Pubertät bringen die Hormone FSH und LH (siehe Seite 10), die in der Hypophyse gebildet werden, die Eizellen zur Reifung, bis sie von den Eierstöcken abgestoßen werden. Gewöhnlich reift abwechselnd in einem der beiden Eierstöcke eine Eizelle pro Monat heran, die dann an den Eileiter weitergegeben wird. Dieser Vorgang heißt *Eisprung*. Er wiederholt sich regelmäßig bis zum Alter von etwa 50 Jahren. Wenn kein Eisprung mehr stattfindet, die Periodenblutung unregelmäßig wird und schließlich ganz ausbleibt, spricht man von den Wechseljahren..

Die Lage der inneren Geschlechtsorgane

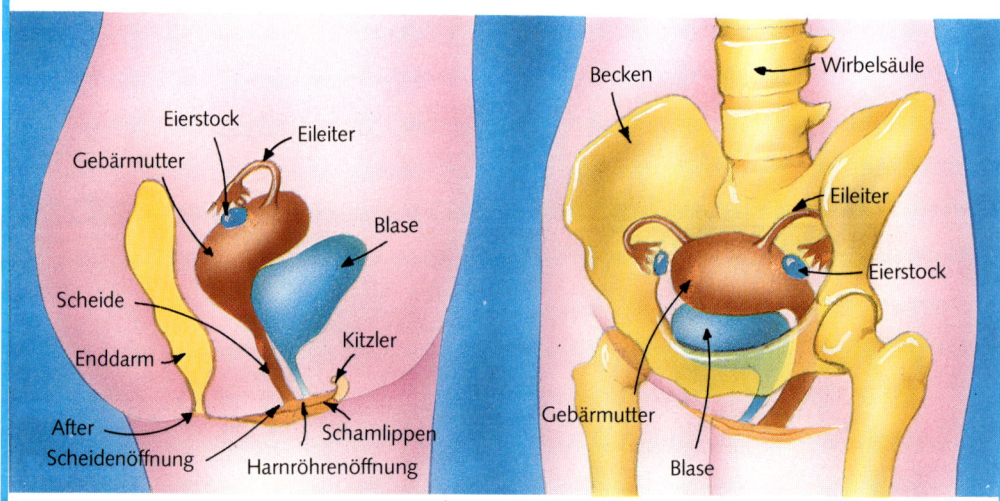

Die beiden Bilder zeigen die Lage der inneren Geschlechtsorgane im Unterleib. Das linke Bild verdeutlicht in einem Querschnitt von der Seite die Lage der Organe in ihrem Verhältnis zur Blase und zum After sowie ihre Verbindung mit den äußeren Geschlechtsorganen (siehe Seite 16 und 17). Auf dem rechten Bild siehst du, wie die inneren Geschlechtsorgane, vor allem die Gebärmutter, in den Beckenknochen eingebettet liegen.

2

Eileiter: Die Eileiter sind Röhren, die von einer muskulären Wand umschlossen sind. Sie sind ungefähr zwölf Zentimeter lang und so dick wie ein Bleistift.

Sobald ein Ei den Eierstock verläßt, stülpt sich das ausgefranste Ende des Eileiters darüber und zieht das Ei in die „Tube" hinein. Diese mit Muskeln durchzogenen Eileiterwände mit ihren winzigen Flimmerhärchen bewegen das Ei in Richtung Gebärmutter.

Wenn eine Frau einige Stunden nach dem Eisprung Geschlechtsverkehr hat, also während sich die Eizelle noch im oberen Teil des Eileiters befindet, kann eine Samenzelle des Mannes die Eizelle befruchten. Dann wird die Frau schwanger. Darüber findest du mehr auf Seite 30.

3

Uterus oder Gebärmutter: Das Ei wandert vom Eileiter in die Gebärmutterhöhle. Die Gebärmutter hat gewöhnlich die Größe und die Form einer auf dem Kopf stehenden Birne. Sie hat dicke, muskeldurchzogene Wände und ist von der *Gebärmutterschleimhaut* ausgekleidet, die ihrerseits reich an Blutgefäßen ist. Die Gebärmutterschleimhaut verändert sich im Rhythmus des Hormonspiegels der Hormone Östrogen und Progesteron, die in den Eierstöcken erzeugt werden. Von der Pubertät bis zur Menopause (letzte Periodenblutung) verdickt sich die Gebärmutterschleimhaut einmal monatlich, damit sich eine befruchtete Eizelle dort einnisten und zu einem *Embryo* entwickeln kann. Findet keine Befruchtung statt, dann geht die Eizelle zugrunde und wird mit den aufgelösten Schleimhautresten durch die Scheide nach außen geschwemmt: Die *Periodenblutung*, auch *Monats-* oder *Regelblutung* genannt, beginnt. Über die Monatsblutung findest du mehr auf den nächsten Seiten.

4

Cervix oder Gebärmutterhals: Ein enger „Kanal", ungefähr zwei Millimeter weit, durchzieht den Gebärmutterhals und verbindet die Gebärmutterhöhle mit der Scheide. Bei der Geburt eines Kindes weitet sich dieser Kanal so, daß das Kind hindurchrutschen kann.

5

Vagina oder Scheide: Eine ungefähr zehn Zentimeter lange, von Muskeln umgebene „Röhre", die von der Gebärmutter nach außen führt. Die Wände der Scheide liegen normalerweise eng beieinander. Da sie aber, ähnlich wie eine Ziehharmonika, in Falten gelegt sind, können sie sich schmerzlos so weit dehnen, daß ein Kind bei der Geburt hindurchgepreßt werden kann.

Die Periode

Der Beginn der Periode (Monatsblutung) ist vielleicht die einschneidendste Veränderung für Mädchen in der Pubertät. Auf den folgenden zwei Seiten erfährst du, wie es durch die Ablösung der gut durchbluteten Gebärmutterschleimhaut zur Monatsblutung aus der Scheide kommt. Dieser Vorgang klingt vielleicht ein bißchen beängstigend, aber wenn du gut darauf vorbereitet bist, brauchst du wirklich keine Angst zu haben. Das Blut läuft oder tropft ein paar Tage lang aus der Scheide. Gute Tampons oder Binden saugen das austretende Blut auf. Die Periodenblutung beginnt irgendwann zwischen dem 10. und 19. Lebensjahr, normalerweise setzt die erste Blutung etwa ein Jahr, nachdem die Entwicklung deiner Brüste begonnen hat, ein.

Was ist die Periode?

Die meisten Mädchen bemerken den Beginn einer Periode erst, wenn sie auf die Toilette gehen.

Die Periode kann den Anschein erwecken, als würdest du nur Blut verlieren. Es werden aber auch Teile der Gebärmutterschleimhaut abgestoßen, die mit Blut umgeben und mit einer zähen Flüssigkeit aus dem Gebärmutterhals vermischt sind. Das Blut stammt aus den kleinen Blutgefäßen in der Gebärmutterschleimhaut, die zerreißen, wenn sich die Schleimhaut von den Gebärmutterwänden löst. Durchschnittlich verliert eine Frau ungefähr zwei Eßlöffel voll Blut (ungefähr 80 Milliliter) pro Periode. Die Blutung kann zwischen zwei und acht Tagen dauern; der Durchschnitt liegt bei vier oder fünf Tagen.

Hormone steuern die Periode

Hier kannst du erkennen, wie der *Menstruationszyklus* durch Hormone gesteuert wird. Der hier vorgestellte Zyklus hat 28 Tage. Deiner kann jedoch länger oder kürzer sein.

1. Tag

Die Periode beginnt. Gleichzeitig läßt das Hormon FSH aus der Hypophyse eine Eizelle in einem winzigen Bläschen, dem *Follikel*, in einem der beiden Eierstöcke reifen.

5. Tag

Die Eizelle reift weiter, und der Follikel beginnt unter gleichzeitiger Produktion von Östrogen zur Oberfläche des Eierstocks zu wandern. Östrogen bewirkt eine erneute Verdickung der Gebärmutterschleimhaut. Zu diesem Zeitpunkt ist sie etwa ein Millimeter dick, und die Blutung ist vorbei.

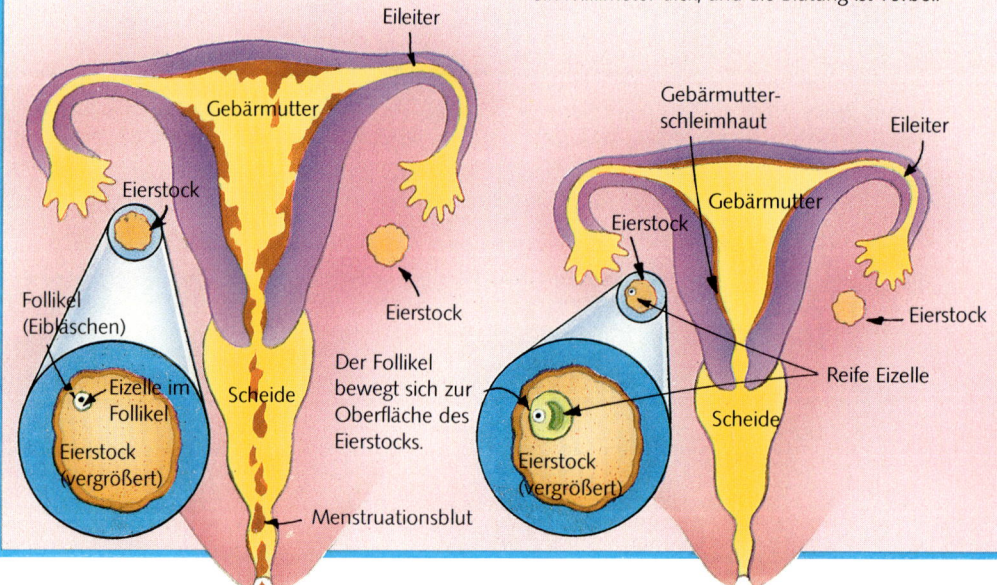

Wie oft bekommst du die Periode?

Eine andere Bezeichnung für Periode ist *Menstruation*. Der Begriff stammt vom lateinischen Wort mensis ab und bedeutet Monat. Im Durchschnitt beträgt der Zyklus einer Frau etwa vier Wochen (28 Tage). Er kann aber zwischen 20 und 35 Tagen schwanken. Das ist von Frau zu Frau, aber auch von Monat zu Monat verschieden.

Ammenmärchen über die Periode

Im Laufe der Jahrhunderte sind viele falsche Vorstellungen von der Periode entstanden, die von Generation zu Generation weitergegeben wurden. Die meisten stammen aus einer Zeit, als man über die Ursachen der Periode noch nichts wußte. Noch heute halten sich solche Legenden, z. B., daß du dir während der Periode nicht die Haare waschen solltest. In Wirklichkeit kann eine Frau sich genau so verhalten, wie sie es sonst auch tut; sie kann duschen, baden oder schwimmen. Ob eine Frau während der Periode mit ihrem Partner „schlafen" will, hängt von der Beziehung der Partner zueinander ab. Viele Frauen haben besonders zu Beginn der Periode ein gesteigertes Lustgefühl.

14. Tag

Die Hypophyse hat die Produktion von FSH gestoppt und erzeugt statt dessen LH. Dadurch platzt der Follikel, und die inzwischen gereifte Eizelle verläßt den Eierstock. Ein Eisprung hat stattgefunden. Der leere Follikel, wandelt sich zum Gelbkörper um und beginnt mit der Produktion von Progesteron. Das Progesteron bewirkt, daß die Gebärmutterschleimhaut weich und gut durchblutet wird, so daß sich ein befruchtetes Ei darin einnisten kann.

21. Tag

Die Eizelle ist in der Gebärmutter angekommen. Wenn sie nicht befruchtet worden ist, beginnt sie, sich ebenso wie der Gelbkörper aufzulösen. Der Östrogen- und Progesteronspiegel fällt. Zu diesem Zeitpunkt ist die Gebärmutterschleimhaut ungefähr fünf Millimeter dick. Sie beginnt sich von der Gebärmutterwand abzulösen; dabei werden einige Blutgefäße geknickt und zerreißen. Die Periodenblutung setzt ein, und ein neuer Zyklus fängt an.

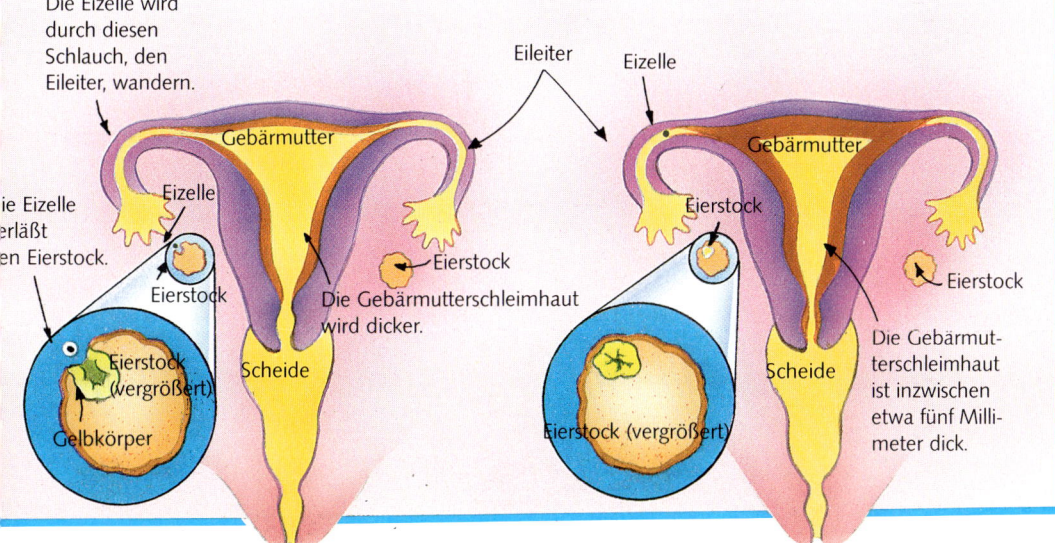

Die Eizelle wird durch diesen Schlauch, den Eileiter, wandern.

Eileiter

Eizelle

Gebärmutter

Die Eizelle verläßt den Eierstock.

Eizelle

Eierstock

Eierstock

Die Gebärmutterschleimhaut wird dicker.

Eierstock

Scheide

Eierstock (vergrößert)

Gelbkörper

Gebärmutter

Eierstock

Eierstock

Die Gebärmutterschleimhaut ist inzwischen etwa fünf Millimeter dick.

Scheide

Eierstock (vergrößert)

Binden oder Tampons – was ist besser?

Um das Menstruationsblut aufzusaugen, kannst du entweder Binden oder Tampons verwenden. Binden saugen das Blut auf, wenn es den Körper durch die Scheidenöffnung verlassen hat. Tampons hingegen werden in die Scheide eingeführt und saugen das Blut auf, bevor es den Körper verläßt. Ob du lieber Binden oder Tampons benutzt, hängt ganz von dir ab. Beide haben ihre Vorteile. So benutzen zum Beispiel einige Frauen zum Ende der Monatsblutung Binden, vor allem nachts, wenn fast kein Blut mehr fließt. Wenn die Scheide sehr trocken ist, entsteht beim Tamponwechsel oft ein unangenehmes Gefühl.

Binden

Sie werden in verschiedener Größe und Dicke hergestellt, und du solltest deine Wahl nach der Stärke deiner Blutung treffen.

Schutzfolie zum Abziehen

Klebestreifen

Binden sind ungefähr 20 Zentimeter lang.

Wenn du im Ausland bist, z. B. in Großbritannien, wirst du Binden finden, die so ähnlich wie die rechts abgebildete aussehen können. Dafür benötigst du aber ein spezielles Bindenhöschen.
Manche Binden haben einen selbstklebenden Streifen auf der Rückseite, mit dem du sie an der Innenseite deines Höschens so befestigen kannst, daß sie nicht mehr verrutschen. Sie werfen zwar gelegentlich Falten oder lösen sich ab, sind aber die bequemste Art von Binden. Für Binden mit Laschen oder verlängerten Enden brauchst du einen speziellen Bindengürtel oder ein sogenanntes Binden- oder Monatshöschen. Diese Binden tragen meistens mehr auf.

Wie häufig du Binden wechseln solltest

Am besten wechselst du deine Binde alle paar Stunden, auch wenn die Blutung nicht sehr stark ist. Das Menstruationsblut ist an sich ganz sauber, aber außerhalb des Körpers verbindet es sich mit Bakterien aus der Luft, so daß sich ein starker Geruch oder sogar eine Infektion entwickeln kann. Manche Bindenpackungen tragen die Aufschrift „völlig auflösbar", aber diese Angabe ist nicht zuverlässig; auch diese Binden verursachen Verstopfungen in der Toilette. Am besten wickelst du die Binde in Toiletten- oder Zeitungspapier und wirfst sie in einen Abfalleimer. In öffentlichen Toiletten wirst du grundsätzlich darum gebeten, Binden in eine der bereithängenden Papiertüten zu stecken und sie in den Abfalleimer zu werfen.

Probleme mit der Periode

Die Menstruation ist ein normaler Vorgang, keine Krankheit, und viele Frauen haben auch nicht die geringsten Probleme. Andererseits ist der weibliche Hormonzyklus sehr kompliziert. Während der Spiegel der männlichen Geschlechtshormone ungefähr immer gleich hoch bleibt, verändert sich der weibliche Hormonspiegel täglich während des gesamten Zyklus. Da die Hormone mit dem Blut durch den ganzen Körper transportiert werden, können sie außer den Geschlechtsorganen noch andere Körperteile beeinflussen. Manche Frauen und Mädchen fühlen sich deshalb vor oder während ihrer Periode „unwohl".

Schmerzen während der Periode

Viele Frauen empfinden während ihrer Periode ein Ziehen oder krampfartige Schmerzen im Unterleib. Die medizinische Erklärung dafür ist, daß sich die Muskeln der Gebärmutter zusammenziehen. Bei leichten Schmerzen kann Gymnastik helfen. Bei starken Schmerzen brauchst du wahrscheinlich eine Schmerztablette und mußt dich mit einer Wärmflasche hinlegen.

Tampons

Viele Frauen benutzen aus den verschiedensten Gründen lieber Tampons als Binden. Zum einen spürt man einen Tampon überhaupt nicht, wenn er richtig eingeführt ist. Zum anderen ist er unsichtbar, während eine Binde sich unter eng anliegenden Hosen abzeichnet. Außerdem kannst du mit einem Tampon baden oder schwimmen gehen. Beim Tampon entwickelt sich kein störender Geruch. Darüber hinaus lösen sich Tampons in der Toilette auf. Und schließlich sind sie handlicher für unterwegs, weil sie kleiner und einzeln verpackt sind.

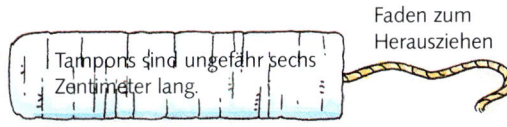

Faden zum Herausziehen

Tampons sind ungefähr sechs Zentimeter lang.

Wie häufig du einen Tampon wechseln solltest

Es ist nicht immer eindeutig zu bestimmen, wann du einen Tampon wechseln mußt. Mit der Zeit lernst du aber, selbst zu erspüren, wann der Tampon das Blut nicht mehr aufsaugen und somit das Auslaufen nicht verhindern kann. Auf alle Fälle solltest du Tampons spätestens alle sechs Stunden wechseln, und natürlich auch gleich morgens nach dem Aufstehen, sonst bilden sich durch Bakterien Infektionen in der Scheide.

Wie du einen Tampon einführst

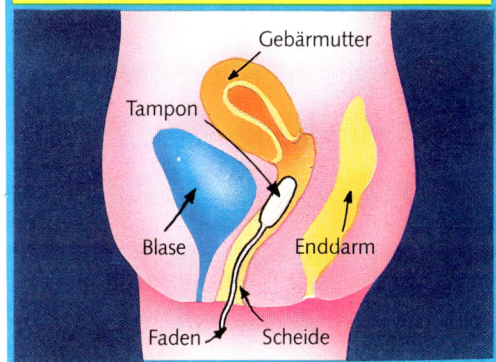

Gebärmutter

Tampon

Blase

Enddarm

Faden

Scheide

Manche Mädchen wollen bei ihren ersten Monatsblutungen keine Tampons verwenden. Dafür gibt es eigentlich keinen Grund, sondern wahrscheinlich eher gefühlsmäßige Scheu, sich die Scheide zu verletzen. Fang mit der kleinsten Größe an; wenn sie nicht ausreicht, kannst du die nächste Größe ausprobieren. Auf bzw. in jeder Tamponpackung steht eine Gebrauchsanweisung, die du sorgfältig befolgen solltest. Der günstigste Zeitpunkt für den ersten Versuch mit einem Tampon ist der, wenn die Blutung am stärksten ist. Bevor du einen Tampon auswickelst, solltest du dir immer die Hände waschen, um einer Infektion vorzubeugen! Einen ausgewickelten Tampon, der auf den Boden gefallen ist, solltest du nie verwenden. Wenn es dir nicht gelingt, den Tampon einzuführen, so bedeutet das, daß dein Jungfernhäutchen noch ziemlich unversehrt ist. Versuche es ein paar Monate später wieder, vielleicht klappt es dann besser.

Spannungsgefühle vor der Periode

Einige Frauen leiden ein paar Tage vor Beginn der Monatsblutung an Spannungsgefühlen. Wahrscheinlich werden sie ebenso wie die Schmerzen während der Periode von Hormonen ausgelöst. Sie können sich unter anderem durch schmerzhafte, geschwollene Brüste, ein drückendes Völlegefühl im Unterleib, Kopfweh, Pickel, Müdigkeit, Schlaflosigkeit, Niedergeschlagenheit, Aggressivität oder Unzufriedenheit ausdrücken. Es gibt noch kein erwiesenermaßen wirksames Medikament dagegen, aber vielleicht kann dein Arzt dir trotzdem helfen, wenn du darunter leidest.

Unregelmäßige Perioden

Unregelmäßigkeiten bei der Periode müssen nicht unbedingt ein Problem darstellen. Während der ersten zwei Jahre sind die Perioden häufig unregelmäßig, weil die Hormone noch keinen regelmäßigen Rhythmus gefunden haben; es können sogar einige Monate zwischen den einzelnen Perioden vergehen. Andere Gründe für Unregelmäßigkeit können Krankheit oder Klimawechsel, aber auch seelische Ursachen wie Aufregung, Sorgen oder sogar Freude auf eine Reise sein.

Der Durchschnittszyklus beträgt 28 Tage. Deiner kann aber durchaus kürzer oder länger sein.

Die männlichen Geschlechtsorgane

Für einen Jungen ist die Entwicklung seiner Geschlechtsorgane leicht an ihrer deutlichen Vergrößerung zu erkennen. Als erstes wachsen die Hoden, und etwa ein Jahr später setzt das Wachstum des Penis ein. Auf der Abbildung rechts sind die männlichen Geschlechtsorgane so von vorn abgebildet, daß du die einzelnen Teile erkennen kannst.

1

Hoden: Die Hoden sind das männliche Gegenstück zu den Eierstöcken. Sie erzeugen die *Spermien* (Samenzellen) und das männliche Geschlechtshormon Testosteron. Die Hoden haben ungefähr die Größe kleiner Pflaumen. Der linke Hoden hängt meist tiefer herab als der rechte. Von der Pubertät an werden ständig Samenzellen in den *Hodenkanälchen* gebildet. Das sind kleine, zusammengerollte Röhrchen innerhalb der Hoden. Eine Samenzelle wächst in einem Zeitraum von mehr als zwei Monaten heran; mehrere Millionen Samenzellen vollziehen täglich diesen Vorgang. Anders als die Eierstöcke stellen die Hoden die Produktion von Geschlechtszellen nicht ein, wenn der Mann die mittlere Lebensphase erreicht hat. Die Produktion geht zwar zurück, wird aber bis ins hohe Alter hinein aufrechterhalten.

2

Hodensack: Die Hoden sind von einem lockeren Hautbeutel, dem Hodensack, umgeben. Er befindet sich außerhalb des Körpers, da die Samenzellen sich nur bei einer Temperatur bilden können, die etwa zwei Grad niedriger als die Körpertemperatur ist. Sind die Hoden kalten Temperaturen ausgesetzt, zieht sich die Haut des Hodensacks zusammen, so daß sie näher zum warmen Körper rücken.

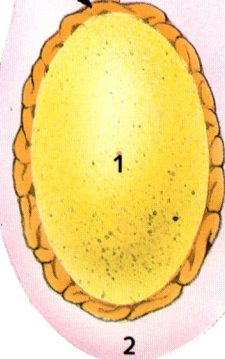

Die Lage der Geschlechtsorgane
Auf dieser Abbildung siehst du die männlichen Geschlechtsorgane seitlich von rechts.

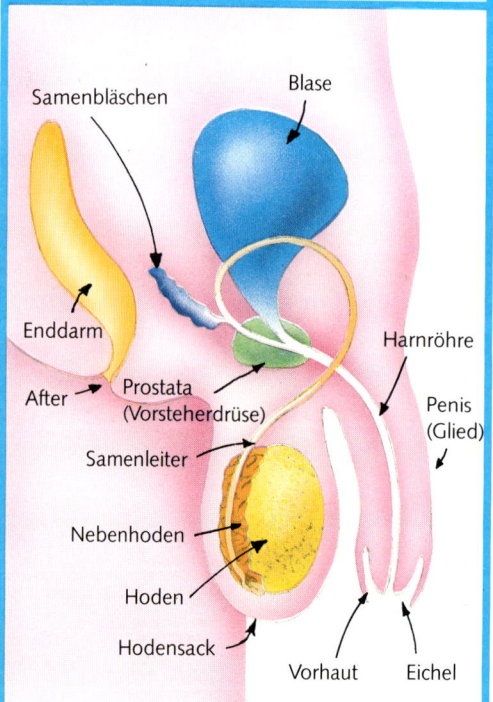

Samenbläschen

Blase

Enddarm

After

Prostata (Vorsteherdrüse)

Samenleiter

Nebenhoden

Hoden

Hodensack

Vorhaut

Eichel

Harnröhre

Penis (Glied)

3

Nebenhoden: Die Nebenhoden bestehen aus vielfach gewundenen Schläuchen, die an den Rückseiten der Hoden liegen. Jeder Schlauch würde in entrolltem Zustand fünf Meter lang sein. Die Samenzellen werden von den Hoden in die Nebenhoden hineingepreßt, wo sie ungefähr zwei Wochen lang heranreifen.

4

Samenleiter: Zwei Schläuche von ungefähr 40 Zentimeter Länge, die von den Nebenhoden ins Becken führen. An der Stelle, an der der Harnleiter die Blase verläßt, vereinen sich Samen- und Harnröhre. Die Samenleiter sind von Muskeln durchzogen und ungefähr so dick wie eine Schnur. Die Samen wandern von den Nebenhoden durch die Samenleiter zum Penis.

5

Samenbläschen: Drüsen, die eine Nährflüssigkeit absondern, die den Samenzellen Energie zuführt.

6

Prostata oder Vorsteherdrüse: Sie hat etwa die Größe einer Eßkastanie und sondert eine Flüssigkeit ab, die die Bewegung der Samenzellen unterstützt.

7

Harnröhre: Die männliche Harnröhre ist länger als die weibliche und hat eine doppelte Funktion. Sie transportiert den Urin zur Harnröhrenöffnung, und wenn sich der Körper im Zustand sexueller Erregung befindet, leitet sie die *Samenflüssigkeit* in den Penis. Diese Samenflüssigkeit ist eine Mischung aus Samenzellen und den von den Samenbläschen und der Prostatadrüse abgesonderten Flüssigkeiten.

8

Penis oder Glied: Im Normalzustand ist dein Glied ziemlich weich. Wenn du sexuell erregt bist, fließt aber mehr Blut als üblich in den Penis, so daß er größer und härter wird und schließlich vom Körper absteht. Das nennt man eine *Erektion*. Dadurch, daß er so steif absteht, läßt er sich in die weibliche Scheide einführen. Aus dem Samen, der auf diese Weise in die Scheide gelangt, kann ein Kind entstehen.

9

Eichel: Bezeichnung für die Spitze, den empfindlichsten Teil des Penis.

10

Vorhaut: Die Hautfalte, die die Eichel bedeckt. Abgestoßene Hautzellen bilden eine weiße, schmierige Paste, das *Smegma*, das die Vorhaut geschmeidig über die Eichel gleiten läßt.

Was bedeutet Beschneidung?

In manchen Kulturen wie im Judentum wird die Vorhaut eines Jungen ein paar Tage nach seiner Geburt chirurgisch entfernt. Diesen Eingriff nennt man Beschneidung. Obwohl die Operation zunächst aus religiösen Gründen vorgenommen wurde, halten manche Menschen sie auch für hygienisch sinnvoll. Sie gehen davon aus, daß das unter der Vorhaut angesammelte Smegma gelegentlich eine Entzündung hervorrufen kann. Das sollte aber kein wirkliches Problem sein, wenn du täglich deine Vorhaut vorsichtig zurückziehst und die Eichel wäschst.

Ist die Größe des Penis entscheidend?

Die Größe eines nicht erigierten, also nicht steifen Glieds ist bei jedem Mann unterschiedlich und völlig unabhängig von der übrigen Körpergröße. Manche Jungen und Männer meinen, sie hätten ein zu kleines Glied. Du brauchst dir über die Penisgröße wirklich keine Gedanken zu machen, weil die Lust, die Mann und Frau beim Geschlechtsverkehr verspüren, nicht von der Größe des Glieds abhängt. Außerdem vergrößert sich ein kleiner Penis im erigierten Zustand verhältnismäßig viel mehr als ein ohnehin schon großes Glied.

25

Sex

Je weiter sich deine Geschlechtsorgane entwickeln, desto mehr wirst du dir allmählich deines Körpers und neuer, sexueller Gefühle bewußt. Dein Interesse an Partnern des anderen Geschlechts wächst. Es nimmt zunächst die Form von Träumen und Fantasiebildern an, wandelt sich aber bald in konkretes Verlangen nach körperlicher Berührung und gipfelt schließlich im Wunsch nach Geschlechtsverkehr. In vielen Ländern ist Geschlechtsverkehr für Jugendliche unter der sogenannten „Ehemündigkeit" gesetzlich verboten; nicht so in der Bundesrepublik Deutschland, soweit keine Straftat gegen die sexuelle Selbstbestimmung begangen wird. Das bedeutet jedoch nicht, daß du deshalb schon frühzeitig Geschlechtsverkehr haben mußt. Du solltest dich von niemandem dazu drängen lassen, bevor du nicht selbst in deiner Entwicklung so weit bist. Auf alle Fälle solltest du versuchen, vorher immer auch die möglichen körperlichen und seelischen Folgen zu bedenken wie unerwünschte Schwangerschaft, Geschlechtskrankheiten, zu denen auch AIDS gehört, seelische Abhängigkeit von einem Partner.

Berühren, Streicheln, Küssen

1 Viele Menschen sind an engen körperlichen Kontakt mit Freunden und Familienmitgliedern gewöhnt, zu dem auch Küssen und Streicheln gehört, der aber nichts mit Sexualität zu tun hat. Es gibt allerdings keine klare Trennung zwischen sexueller und nichtsexueller Berührung.

2 Die Stellen unseres Körpers, die am leichtesten erregbar sind, heißen *erogene Zonen*. Dazu gehören Genitalien, Lippen, Brüste und Pobacken, aber auch Ohrläppchen, Füße und viele andere Körperteile können sexuell erregbar sein.

3 Schmusen oder *Petting* sind Ausdrücke für intensives Küssen, Berühren und Streicheln. Bei dieser Art von sexuellem Spiel werden die erogenen Zonen am häufigsten berührt, ohne daß es zum Geschlechtsverkehr kommt.

4 Bei sexuellem Kontakt werden Körperzonen wie Brüste und Genitalien berührt oder gestreichelt; Körperteile also, die zum *Intimbereich* gehören, und die man deshalb bei nichtsexuellen Beziehungen auch nicht berühren würde.
Auch innige Küsse wie Zungenküsse, bei denen sich die Zungen der Partner berühren und miteinander spielen können, sind für die meisten Menschen mit einer sexuellen Beziehung sehr wichtig und schön.
Solche Küsse und jede Form von sexueller Berührung rufen starke Lustgefühle hervor und können den Wunsch nach Geschlechtsverkehr steigern.

Geschlechtsverkehr

1. Genaugenommen beginnt der Geschlechtsverkehr in dem Augenblick, in dem der Penis in die Scheide eindringt und endet damit, daß er wieder zurückgezogen wird. Wenn man aber von Geschlechtsverkehr oder von „Sich-Lieben" spricht, so meint man doch damit auch das sogenannte *Vorspiel*, also das Streicheln und Küssen, das dem eigentlichen Geschlechtsakt vorangeht.

2. Sobald der Penis in die Scheide eingedrungen ist, bewegen die Partner (oder einer von beiden) ihr Becken so, daß der Penis immer wieder in der Scheide hin und her bzw. hinein- oder herausgleitet. Diese Bewegung verschafft beiden Partnern heftige Lustgefühle. Diese Phase des Geschlechtsverkehrs kann ein paar Minuten dauern, man kann sie aber auch lange, mehr als eine Stunde ausdehnen, kann Ruhepausen dazwischen einlegen sowie den Rhythmus und die Stellungen verändern.

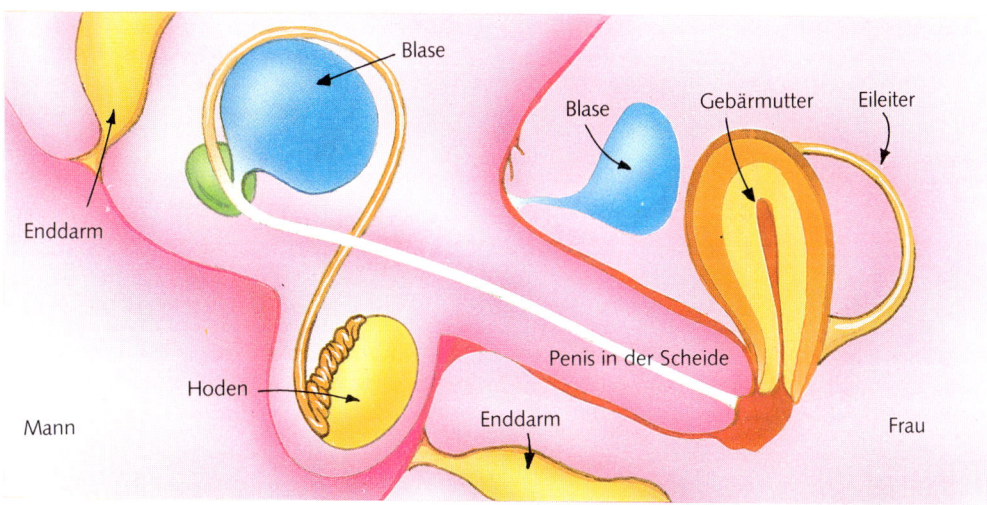

3. Schließlich kommt es aufgrund der dauernden Erregung zum *Orgasmus*, dem Höhepunkt der sexuellen Erregung. Er besteht aus kurzen *Spasmen* oder *Muskelkontraktionen* (Zusammenziehungen) der Geschlechtsorgane. Die Empfindung dabei läßt sich eigentlich nicht beschreiben; es ist wie ein pochendes Gefühl, das sich im ganzen Körper ausbreitet, mit ungeheurer Lust erlebt wird und schließlich in einem Gefühl von Entspannung abebbt. Beide Partner können den Orgasmus gleichzeitig oder nacheinander erreichen. Es muß auch nicht bei jedem Geschlechtsverkehr zum Orgasmus kommen. Beim Orgasmus des Mannes ergießt sich der Samen aus dem Penis durch Muskelkontraktionen des Beckenbodens. Das nennt man *Samenerguß* oder *Ejakulation*. Der Orgasmus bei Frauen ist weniger einfach zu erklären, nicht zuletzt deshalb, weil die weibliche Sexualität erst seit wenigen Jahrzehnten als wichtig erachtet wird. Viele Frauen sagen, daß sie nur durch Streicheln des Kitzlers zum Orgasmus kommen, andere Frauen haben auch in der Scheide ein Orgasmuserlebnis.

Sexuelle Erregung

Sexuelle Erregung löst eine ganze Reihe von Veränderungen im Körper aus. Bei der Frau sondern Drüsen am Scheideneingang eine schleimige Flüssigkeit ab, damit der Penis leichter eingeführt werden kann. Bei vielen Frauen sind die Brüste erregbar, und die Brustwarzen richten sich auf. Beim Mann kommt es zur Erektion. Das heißt, daß der Penis größer und steifer wird und vom Körper absteht, so daß er in die Scheide eindringen kann. Die Hoden schwellen an und werden an den Körper herangezogen.
Bei beiden Geschlechtern spannen sich überall im Körper die Muskeln an, das Herz schlägt schneller, der Blutdruck steigt, und der Atem wird flacher und schneller. Mitunter röten sich auch Gesicht und Brust (vor allem bei Frauen).

Der Samenerguß

Der Samen, der sich beim Orgasmus des Mannes aus dem Penis ergießt, ist eine Mischung aus Samenzellen und Flüssigkeiten aus der Prostatadrüse und den Samenbläschen (siehe Seite 25). Bei jedem Samenerguß wird nur etwa ein kleiner Teelöffel voll Samen ausgestoßen, der aber mehrere hundert Millionen Samenzellen enthält. Durch Muskelkontraktionen während des Orgasmus werden der Samen aus den Nebenhoden durch die Samenleiter zur Harnröhre gepreßt, die von der Blase durch den Penis nach außen führt. Die Muskeln am Blaseneingang haben die Funktion eines Ventils und verhindern, daß Urin gleichzeitig mit dem Samen durch die Harnröhre fließt.

27

Sex und Gefühle

Zum Sex gehören meist nicht nur körperliche, sondern auch seelische Empfindungen, deren Stärke von den Gefühlen für den Partner abhängt.

Auch Probleme mit Sexualität haben oft gefühlsmäßige oder erzieherisch bedingte Ursachen. So können Ängstlichkeit und Schüchternheit, Gefühle von Furcht und Unglück, aber auch das Empfinden, daß Sexualität etwas Schmutziges ist, einen Menschen so stark beeinflussen, daß er seine Sexualität nicht genießen kann.

Nur wenige Menschen haben rein körperliche Probleme mit dem Sex, vorausgesetzt, daß die beiden Partner liebevoll miteinander umgehen und keine Scheu haben, offen über ihre Wünsche zu sprechen. Vielleicht empfindet das eine oder andere Mädchen leichte Schmerzen beim ersten Geschlechtsverkehr, nämlich wenn der Penis durch das Jungfernhäutchen stößt.

Sex und Schwangerschaft

Sobald bei einem Mädchen der Eisprung und somit die Periode einsetzt, besteht immer die Möglichkeit, durch Geschlechtsverkehr schwanger zu werden. Durch Empfängnisverhütung (Verhütung einer Schwangerschaft) mittels bestimmter Verhütungsmethoden kann eine ungewollte Schwangerschaft verhindert werden. Über die verschiedenen Methoden findest du mehr auf den Seiten 30 bis 33.

Homosexualität

Homosexualität bedeutet, sich nur von Personen des eigenen Geschlechts angezogen zu fühlen. Es ist nicht ungewöhnlich, eine starke Anziehungskraft zu einer Person des eigenen Geschlechts zu empfinden, besonders während der Pubertät. Das gilt aber auch für extreme Situationen, z. B. in Gefängnissen oder Internaten. In solchen Fällen spricht man von latenter (verborgener) Homosexualität. Manifeste (offenbare) Homosexualität wird bewußt empfunden und gelebt und von vielen Menschen erst nach der Pubertät für sich selbst festgestellt.

Wie viele Menschen homosexuell sind, weiß niemand, denn viele Homosexuelle versuchen ihre Neigung vor anderen zu verbergen. Homosexuelle werden nach wie vor häufig angefeindet und herabgesetzt. Das liegt sicherlich auch daran, daß Andersartigkeit stets beargwöhnt wird. Man geht davon aus, daß Homosexualität keine biologisch-hormonellen, sondern psychologische Ursachen hat. Damit ist für viele Leute eine – wie sie meinen – begründete Ablehnung des sogenannten „Unnormalen" gerechtfertigt.

Es hat aber in den beiden letzten Jahrzehnten eine Befreiungsbewegung der Homosexuellen gegeben, die zu ein wenig mehr Anerkennung in einigen Teilen der Bevölkerung geführt hat.

Geschlechtskrankheiten

Bei diesen Krankheiten handelt es sich um Infektionen der Geschlechtsorgane, die durch *Bakterien* (mikroskopisch kleine Lebewesen) verursacht und durch Geschlechtskontakt weitergegeben werden. Viele dieser Krankheiten ähneln sich in ihren *Symptomen* (Krankheitszeichen). Dazu gehören Ausschlag oder Jucken an den Genitalien oder am After, unnatürlicher Ausfluß sowie Schmerzen beim Stuhlgang oder Wasserlassen.

Ein besonderes Problem bei Geschlechtskrankheiten besteht darin, daß man manchmal ganz ahnungslos einen Partner ansteckt, ohne zu wissen, daß man selbst krank ist. Fast alle Geschlechtskrankheiten können mit Hilfe von rechtzeitig verabreichten Antibiotika geheilt werden.

Frauen können sich auch Scheidenpilze auf öffentlichen Toiletten oder in Schwimmbädern zuziehen; Creme und Zäpfchen, vom Arzt verschrieben, helfen meist sehr schnell.

Über AIDS, das auch durch Geschlechtsverkehr übertragen werden kann, findest du auf Seite 44 einen Abschnitt.

Sexuelle Fantasien

Sehr viele Jugendliche haben während der Pubertät sexuelle Fantasien, vor allem, wenn sie sich selbst befriedigen. Du denkst dabei vielleicht an jemanden, den du persönlich kennst, kannst dir aber auch in deinen Träumen berühmte Leute wie Popstars oder auch völlig frei erfundene Gestalten vorstellen. Denk dir nichts dabei, wenn dabei seltsame Fantasien entstehen, das gehört durchaus dazu. In den Fantasien kannst du nämlich Bedürfnisse ausleben, die in der Wirklichkeit vielleicht unangebracht wären.

„Feuchte Träume"

Sie kommen häufig bei Jungen in der Pubertät vor. Dabei hat man eine Erektion und einen Samenerguß im Schlaf, weil sich der Körper noch nicht ganz an die neuen Funktionen gewöhnt hat. So ein Samenerguß wird meistens durch Träume ausgelöst, die aber nicht unbedingt sexueller Art sein müssen.

Wenn es dir peinlich ist, daß dein Bettuch am Morgen Flecken aufweist, kannst du sie mit Seife und kaltem Wasser auswaschen.

Selbstbefriedigung

Wenn du dich selbst befriedigst, dann berührst du deine Genitalien so, daß du (eventuell auch ein Zuschauer) dabei Lust empfindest.

Männer befriedigen sich selbst, indem sie den Penis in einem bestimmten Rhythmus reiben, während Frauen gewöhnlich die Gegend ihrer Klitoris mit den Fingern rhythmisch streicheln. Beides kann schließlich zum Orgasmus führen. Bis in unsere Zeit hinein, haben sich viele falsche Vorstellungen über die „schlimmen Folgen" von Selbstbefriedigung erhalten: Selbstbefriedigung schwächt den Körper, oder wer onaniert (sich selbst befriedigt), stirbt daran. Diese und andere „Märchen" sind völliger Unsinn.

Erektionen „zur falschen Zeit"

Viele Jungen empfinden es als peinlich, wenn sie während der Pubertät Erektionen zur unpassenden Zeit haben. Die meisten Erektionen werden durch sexuelle Gedanken oder Bilder ausgelöst, oder wenn du ein Mädchen siehst, das dir gefällt. Andere wieder entstehen völlig unbeabsichtigt, etwa durch die Vibration eines fahrenden Zugs. Am besten wird man diese Erektionen wieder los, wenn man sich ganz stark auf etwas anderes konzentriert.

Viele Männer wachen mit einer Erektion am Morgen auf. Die Ursache dafür sind Träume, die gar nicht sexuell zu sein brauchen. Auch die gefüllte Harnblase, die auf bestimmte Nervenenden drückt, kann eine morgendliche Erektion auslösen.

Empfängnisverhütung

Wenn eine Frau durch Geschlechtsverkehr schwanger wird, so spricht man von *Empfängnis*. Es gibt die verschiedensten Vorsichtsmaßnahmen gegen eine ungewollte Schwangerschaft, also Methoden der Empfängnisverhütung. Manche dieser Methoden sind wirkungsvoller als andere. In vielen Ländern werden sie von Ärzten oder Spezialkliniken verschrieben und durchgeführt.

Die Empfängnis

Wenn ein Mann während des Geschlechtsverkehrs seinen Samen in die Scheide einer Frau ergießt, dann werden mehrere hundert Millionen Samenzellen in der Nähe des Muttermundes abgesetzt. Von dort schwimmen sie durch die Gebärmutter in den Eileiter. Nur ungefähr hundert Samenzellen kommen überhaupt so weit, bevor sie absterben. Wenn sich eine Eizelle im Eileiter befindet, umringen die Samenzellen sie, und eine von ihnen dringt in die Eizelle ein. Die Verschmelzung der beiden Zellkerne, nämlich Ei- und Samenzelle, bezeichnet man als *Befruchtung*. Sie bilden zusammen eine neue Zelle, die sich schließlich durch Zellteilung zu einem *Embryo* entwickelt.

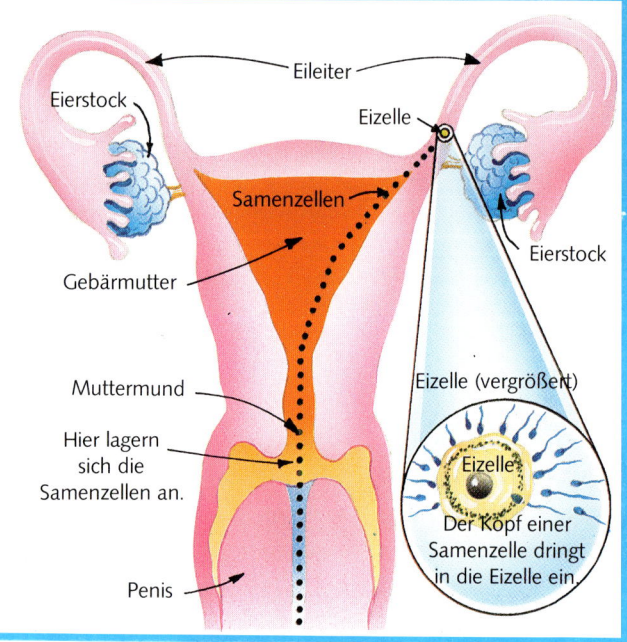

Eileiter

Eierstock

Eizelle

Samenzellen

Eierstock

Gebärmutter

Eizelle (vergrößert)

Muttermund

Hier lagern sich die Samenzellen an.

Eizelle

Der Kopf einer Samenzelle dringt in die Eizelle ein.

Penis

Die Antibabypille

Von der Antibabypille wird gesagt, daß sie die wirkungsvollste Verhütungsmethode sei. Die Frau nimmt während des Zyklus drei Wochen lang täglich eine Pille ein, die sich aus Östrogen und Progesteron zusammensetzt. Beide Hormone bewirken, daß die Produktion von FSH- und LH-Hormon aus der Hypophyse so weit sinkt, daß im Eierstock keine Eizelle heranreift und somit kein Eisprung stattfindet. Ob ein Mädchen die Pille nehmen sollte, bevor die Pubertät beendet ist, muß ein Arzt zusammen mit ihr entscheiden. Die Pille muß ohnehin vom Arzt verschrieben werden, und jede Frau, die sie einnimmt, muß sich regelmäßig untersuchen lassen, damit Nebenwirkungen weitgehend ausgeschlossen werden können. Zu diesen Nebenwirkungen gehören Gewichtszunahme, Kopfschmerzen,

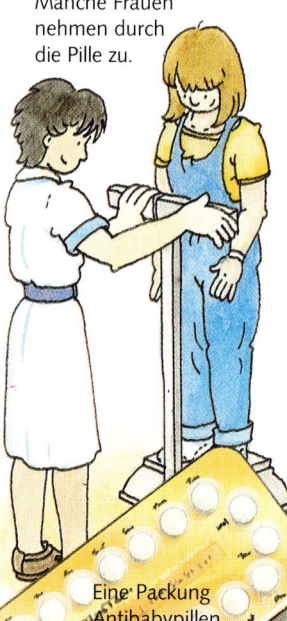

Manche Frauen nehmen durch die Pille zu.

Eine Packung Antibabypillen

Depressionen, geringeres Lustbedürfnis, Übelkeit, schmerzende Brüste, Bluthochdruck und sogar Thrombose (Bildung von Blutgerinsel, die tödlich sein können). Nicht nur übergewichtige Frauen und Raucherinnen sind gefährdet, sondern die Pille birgt für alle Frauen ab 30 Jahren eine erhöhte Risikogefahr. Das ist sicherlich ein Grund dafür, daß sich gerade Frauen dieser Altersgruppe gegen die Einnahme der Pille wenden. Jede Frau wird sich früher oder später die Frage stellen, ob sie ihren Körper weiter durch die Pille steuern lassen will oder ob sie zu einer anderen Verhütungsmethode greifen soll, die obendrein mit mehr Selbstbestimmung für den eigenen Körper einhergeht. Eine positive Nebenwirkung der Pille ist eine meist leichtere, regelmäßigere und schmerzfreiere Blutung. Deshalb wird die Pille manchmal als Medikament für Frauen mit Periodenproblemen verschrieben.

Die Minipille

Die Minipille ist aufgrund geringerer Hormonmengen etwas weniger wirkungsvoll als die Antibabypille und muß täglich immer zur selben Zeit eingenommen werden, ohne eine Pause von sieben Tagen. Sie enthält nur Progesteron und bewirkt eine Veränderung des Cervixschleims, und zwar so, daß Samenzellen nicht gut in die Gebärmutter eindringen können. Außerdem kann sich infolge der Wirkung der Minipille auch keine Eizelle in der Gebärmutterschleimhaut einnisten. Die Antibabypille wirkt ebenso, verhindert aber zusätzlich noch den Eisprung. Die Minipille wird ebenfalls vom Arzt verschrieben, und ihre Wirkung auf den Gesamtorganismus der Frau muß regelmäßig überprüft werden. Sie hat weniger bekannte Nebenwirkungen als die Antibabypille. Einige Frauen haben wegen der geringeren Hormonmenge eine unregelmäßige Blutung.

Die Spirale oder Intra-Uterin-Pessar

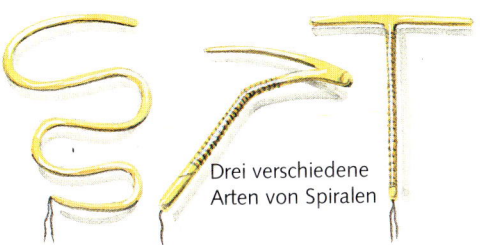

Drei verschiedene Arten von Spiralen

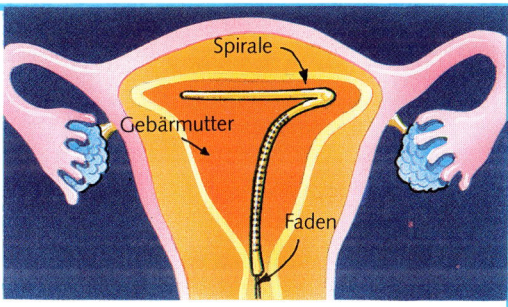

Spirale

Gebärmutter

Faden

Bei dieser Verhütungsmethode wird ein Kunststoffkörperchen, das unterschiedliche Formen haben kann, und mit einem Kupferdraht umspannt ist, in die Gebärmutter eingesetzt. Die Wirkung beruht zum Teil darauf, daß die Einnistung einer befruchteten Eizelle in die Gebärmutterschleimhaut verhindert wird. Die Spirale wird von einem Arzt durch die Scheide eingesetzt und kann zwei bis drei Jahre in der Gebärmutter bleiben, bevor sie erneuert werden muß. Im Idealfall macht sich die Spirale nicht störend bemerkbar. Häufig bewirkt sie jedoch eine starke, längere oder schmerzhafte Regelblutung. Zudem erhöht sie das Risiko einer Infektion der Gebärmutter, durch die eine Frau im schlimmsten Fall unfruchtbar werden kann. An einem Faden, der bis in die Scheide hinabhängt, kann die Frau regelmäßig überprüfen, ob die Spirale noch an ihrem richtigen Platz ist.

Diaphragma oder Scheidenpessar

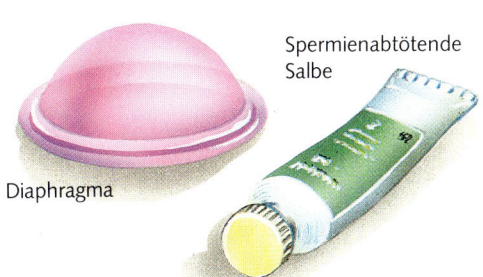

Spermienabtötende Salbe

Diaphragma

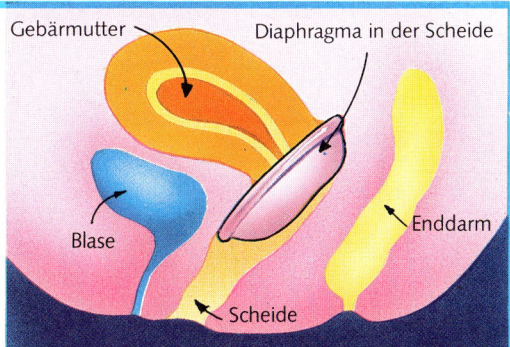

Gebärmutter

Diaphragma in der Scheide

Blase

Enddarm

Scheide

Ein Diaphragma ist eine dünne Gummikappe, die von einem federnden Ring umgeben ist und über den Gebärmuttermund gestülpt wird, so daß keine Spermien in die Gebärmutter gelangen können. Seine volle Wirkung erhält das Diaphragma aber erst, wenn es zusätzlich mit einer *spermienabtötenden Salbe** gefüllt wird. Bevor ein Diaphragma eingesetzt werden kann, muß die Lage der Gebärmutter und die Länge der Scheide vom Arzt gemessen werden.

Die Frau setzt dann das Diaphragma selbst immer vor dem Geschlechtsverkehr ein und läßt es nachher noch sechs bis acht Stunden an seinem Platz, damit die samenabtötende Salbe wirken kann. Keiner der Partner spürt das Diaphragma beim Geschlechtsverkehr. Das Einsetzen des Diaphragmas sollte jedoch vorher geübt werden, damit es auch wirklich richtig sitzt. Den Sitz überprüft der Frauenarzt. Richtig angewendet ist das Diaphragma eine der sichersten Methoden ohne Nebenwirkungen.

* Spermienabtötende Salben haben für sich allein genommen fast keine empfängnisverhütende Wirkung.

Kondom oder Präservativ

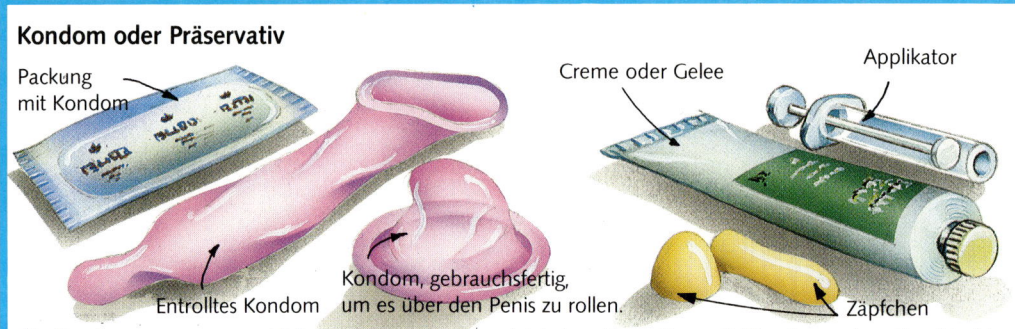

Packung mit Kondom

Creme oder Gelee

Applikator

Entrolltes Kondom

Kondom, gebrauchsfertig, um es über den Penis zu rollen.

Zäpfchen

Ein Kondom, umgangssprachlich auch „Pariser" genannt, ist eine dünne Gummihülle, die vor dem Geschlechtsverkehr über den schon steifen Penis gestülpt wird. Beim Samenerguß wird der Samen in der Spitze des Kondoms gesammelt. Der Mann muß den Penis kurz nach dem Erguß vorsichtig aus der Scheide ziehen, bevor der Penis auf seine normale Größe zurückgeschrumpft ist. Das Kondom könnte sich sonst noch in der Scheide lösen. Aus Sicherheitsgründen sollte die Frau zusätzlich ein samenabtötendes Mittel verwenden. Sie kann entweder mit einem Applikator (siehe Bild) Salbe in die Scheide einführen oder Zäpfchen verwenden. Beides schmilzt in der Scheide. Chemische Verhütungsmittel bilden vor dem Muttermund einen zähen Schleim, den die Spermien nicht durchdringen können. Manche dieser Mittel entwickeln in der Scheide eine unangenehme Hitze. Du solltest dich in einer Apotheke oder Drogerie beraten lassen. In Herrentoiletten findet man häufig Automaten mit Kondomen. Abgesehen von der verhütenden Wirkung von Kondomen, verhindern sie auch die Verbreitung von Infektionen. Kondome sind zur Zeit der sicherste Schutz vor AIDS.

Die „sicheren Tage"

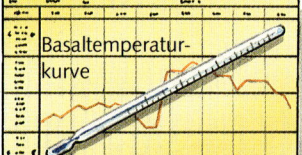

Basaltemperatur- kurve

Theoretisch kann eine Frau nur während eines Zeitraums von ungefähr drei Tagen schwanger werden. Während dieses Zeitraums wandert die Eizelle durch den Eileiter. Da die Samenzellen aber etwa zwei Tage im Körper einer Frau leben können, sollte sie sicherheitshalber ungefähr zwei Tage vor dem Eisprung bis drei Tage danach keinen Geschlechtsverkehr haben, wenn sie eine Schwangerschaft vermeiden und kein Verhütungsmittel nehmen will. Das Problem bei dieser Methode der „sicheren Tage" ist, daß der genaue Zeitpunkt des Eisprungs nur äußerst schwierig vorherzusagen ist. So kann schon Aufregung den Eisprung verschieben (siehe Seite 23). Es kann aber auch in seltenen Fällen zu einem zweiten Eisprung kommen, der trotz Temperaturmessens nicht feststellbar ist. Eine Frau, die diese Verhütungsmethode anwendet, muß über Monate hinweg jeden Morgen zur selben Zeit ihre Basaltemperatur (Morgentemperatur) messen und aufschreiben, um daraus den Eisprung zu erfahren. Bei unregelmäßigem Zyklus muß immer Temperatur gemessen werden. Außerdem muß eine Frau die Veränderungen ihres natürlichen Ausflusses beobachten, um daraus zusätzlich den bevorstehenden Eisprung zu erkennen. Diese Methode ist nicht sicher.

Sterilisation

Hierbei handelt es sich um einen operativen Eingriff, der die Fruchtbarkeit für immer unterbindet. Ein solcher Eingriff wird deshalb gewöhnlich nur bei Leuten vorgenommen, die bereits Kinder haben, keine mehr haben wollen bzw. mindestens 35 Jahre alt sind oder wenn medizinische Gründe vorliegen.
Die Sterilisation beim Mann heißt „Vasektomie". Sie läßt sich leichter als bei der Frau durchführen, da sich die männlichen Geschlechtsorgane außerhalb des Körpers befinden. Die Samenleiter werden unter örtlicher Betäubung durchtrennt und abgebunden. Dadurch können keine Samenzellen mehr in den Penis gelangen. Sterilisierte Männer haben nach wie vor einen Erguß.
Die Sterilisation einer Frau wird unter Vollnarkose vorgenommen. Dabei werden die Eileiter durchtrennt. So können keine Eizellen in die Gebärmutter gelangen. Da die Sterilisation bei einer Frau mit einigen Gefahren verbunden ist, sollte sie sich unbedingt darüber bei ihrem Frauenarzt erkundigen. Die Frau hat nach der Sterilisation auch weiterhin ihre Periode. Das sexuelle Leben wird durch die Sterilisation weder beim Mann noch bei der Frau beeinträchtigt.

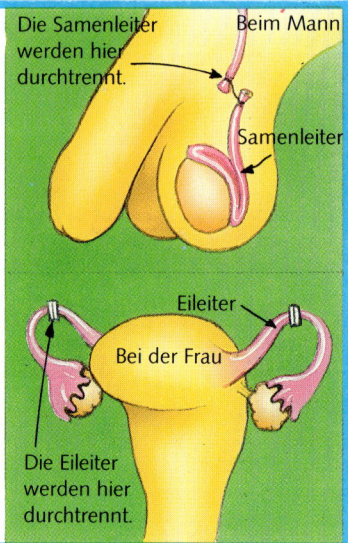

Die Samenleiter werden hier durchtrennt.

Beim Mann

Samenleiter

Eileiter

Bei der Frau

Die Eileiter werden hier durchtrennt.

Falsche Verhütung

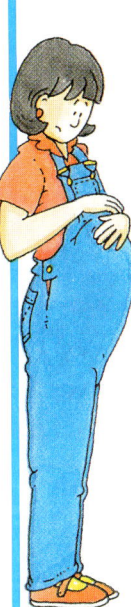

Ein paar der landläufigen Märchen über die Verhütung lauten etwa so: „Die Frau kann nicht schwanger werden, wenn …

1. … der Mann seinen Penis vor dem Samenerguß aus der Scheide zieht." Das stimmt nicht, weil bereits vor dem Erguß Spermien aus dem Penis austreten. Auch beim Erguß nahe der Scheidenöffnung können noch Samenzellen in die Scheide gelangen.

2. … die Frau während des Geschlechtsverkehrs auf dem Mann liegt oder beide Partner stehen." Durch die entgegengesetzte Wirkung der Schwerkraft schwimmen zwar vielleicht weniger Samenzellen in die Gebärmutter, aber ein großer Teil schafft es trotzdem.

3. … die Frau ihre Regelblutung hat." Spermien können durch das Blut schwimmen, und es ist möglich, daß sich schon während der Periode (am Anfang des Zyklus) eine Eizelle in einem der Eileiter eingenistet hat.

4. … die Frau sofort nach dem Geschlechtsverkehr auf die Toilette geht." Auch das stimmt nicht. Die Samenzellen werden nicht mit dem Urin aus dem Körper herausgeschwemmt, denn Scheide und Harnleiter sind völlig voneinander getrennt.

5. … die Frau gerade erst geschlechtsreif geworden ist oder es sich um ihren ersten Geschlechtsverkehr handelt." Es ist völlig normal, daß Mädchen ihre erste Periode vor dem ersten Eisprung haben. Aber im Grunde genommen kann jede Frau schwanger werden, sobald sie ihre erste Blutung hatte oder sobald diese unmittelbar bevorsteht.

6. … sie keinen Orgasmus hat." Durch die Kontraktion der Gebärmutter werden zwar die Spermien schneller „eingesaugt", aber sie finden trotzdem ihren Weg, auch ohne diese Hilfe.

Verläßlichkeit von Verhütungsmitteln

Auf der Liste unten siehst du, wie zuverlässig die einzelnen Verhütungsmethoden sind. Die Zahlen geben an, wieviel Prozent Frauen während eines Jahres trotz regelmäßiger Anwendung der jeweiligen Verhütungsmethode schwanger werden.

Antibabypille	fast 0 %
Minipille	. 2 %
Spirale	2 – 4 %
Diaphragma und spermienabtötendes Mittel	3 %
Kondom und spermienabtötendes Mittel	3 %
Berechnung der „sicheren Tage"	7 – 40 %
Sterilisation	fast 0 %
Keine Verhütung	80 %

Wie sieht die Zukunft aus?

Derzeitig gibt es noch keine ideale Verhütungsmethode, denn keine ist hundertprozentig sicher und ohne Nebenwirkungen. Die Forschung ist ständig dabei, neue Methoden zu entwickeln. Dazu gehören: die Pille für danach, die allerdings keine Verhütungsmethode ist; Pillen oder Injektionen mit Hormonhemmern, die den Eisprung einige Monate lang verhindert; die Pille für den Mann, die die Produktion von Samenzellen verhindert; ein Spezialschwamm, der ähnlich wie ein Pessar wirkt oder ein „Set", mit dessen Hilfe eine Frau den Zeitpunkt des Eisprungs aus dem Hormonspiegel in ihrem Urin berechnen kann.

Schwangerschaftsabbruch (Abtreibung)

Eine Abtreibung ist keine Verhütungsmethode, sondern ein operativer Eingriff, der eine schon begonnene Schwangerschaft beendet. Dabei wird die Gebärmutter „ausgeschabt" oder „ausgesaugt". Bei einer sehr weit fortgeschrittenen Schwangerschaft werden der Frau Medikamente gegeben, die die Wehen frühzeitig einleiten. Bei beiden Operationen besteht das Risiko einer Infektion.

In vielen Ländern ist eine Abtreibung gesetzlich verboten, außer Leben und Gesundheit der Mutter sind akut gefährdet. In anderen Ländern ist der Schwangerschaftsabbruch unter bestimmten Bedingungen erlaubt. So muß sich in der Bundesrepublik Deutschland eine Schwangere zunächst von einer öffentlichen Beratungsstelle oder einem Arzt beraten lassen, bevor ein weiterer Arzt den Schwangerschaftsabbruch vornehmen darf. Dabei gibt es verschiedene Voraussetzungen: 1. medizinische, wenn das Leben von Mutter oder Kind gefährdet sind; 2. eugenische (erblich bedingte); 3. kriminologische (nach einer Vergewaltigung); 4. Notlage. Im 1. Fall gibt es keine zeitliche Begrenzung. Im 2. Fall dürfen 22 Wochen und im 3. und 4. Fall 12 Wochen nach der Empfängnis nicht überschritten werden. Zwischen Beratung und Abbruch müssen drei Tage liegen.

Gesunde Ernährung

Gesunde Ernährung ist in jedem Alter wichtig, aber während der Wachstumsphase der Pubertät solltest du besonders darauf achten. Durch die Nahrung, die du zu dir nimmst, und den Sauerstoff, den du mit der Luft einatmest, wird Energie freigesetzt und dein Wachstum angeregt. Die verschiedenen Arten von Nahrungsmitteln haben unterschiedliche Funktionen für den Körper, so daß du immer eine gesunde Mischkost essen solltest. Auch Wasser ist für den Stoffwechselprozeß von großer Bedeutung.

Proteine (Eiweiß)

Über zehn Prozent des menschlichen Körpers bestehen aus Proteinen. Sie werden hauptsächlich für den Baustoffwechsel, das bedeutet für das Wachstum der Zellen und deren Regeneration (Erneuerung) verwendet. Daher muß jede Ernährung ausreichend Eiweiß enthalten. Gute Lieferanten dafür sind mageres Fleisch, Fisch, Käse, Milch, Eier und Bohnen.

Kohlenhydrate

Sie werden in der Hauptsache zur Energiegewinnung im Organismus benötigt. Es gibt zwei Arten von Kohlenhydraten: Stärke und Zucker. Wenn möglich, solltest du mehr stärke- als zuckerhaltige Nahrung zu dir nehmen; also eher Vollkornbrot, Kartoffeln, ungeschälten Reis und Nudeln als Kuchen, Kekse, Eiscreme, Schokolade, gezuckerte Limonaden oder gesüßte Säfte. Zucker ist zwar ein Energielieferant, wirkt sich aber schlecht auf deine Zähne aus und verbraucht viele Vitamine.

Fette

Auch sie sind wichtige Energielieferanten. Fette bestehen aus Glycerin und Fettsäuren. Es gibt zwei Arten von Fettsäuren: gesättigte, die in erster Linie in tierischen Produkten wie Fleisch, Butter, Speck, Sahne usw. zu finden sind, und ungesättigte, die vor allem in pflanzlichen Produkten wie Ölen, Nüssen und vielen Margarinesorten vorkommen. Viele Ernährungsfachleute meinen, daß die Ernährung mit zuviel gesättigten Fettsäuren die Neigung zu einem Herzinfarkt verstärkt.

Vitamine und Mineralien

Für manche chemischen Vorgänge im Körper werden Vitamine und Mineralstoffe benötigt. Der Körper braucht etwa fünfzehn verschiedene Vitamine und zwanzig verschiedene Mineralien. Beide Substanzen kommen in den meisten Nahrungsmitteln häufig vor. Wenn du dich vielseitig ernährst, führst du deinem Körper automatisch die notwendige Menge dieser Stoffe zu. Calcium ist ein Beispiel für ein wichtiges Mineral. Es ist unter anderem in Milch und Käse enthalten und unterstützt während der Pubertät die Bildung von Knochen und Zähnen. Kochsalz ist ebenfalls ein Mineral, das allerdings nicht in allzugroßen Mengen gegessen werden sollte, da es sich sonst schädlich auf das Herz auswirkt.

Ballaststoffe

Ballaststoffe sind keine Nahrungsmittel an sich, sondern in einigen Lebensmitteln enthalten. Ballaststoffe bestehen aus unverdaulichen Kohlenhydraten, die als „Klumpen" durch den Verdauungstrakt wandern, ihn zur Muskeltätigkeit anregen und einer Verstopfung vorbeugen. Sie können auch schwere Erkrankungen des Verdauungssystems verhindern. Ballaststoffe sind in Obst, Gemüse, Vollkornprodukten, ungeschältem Reis, Hülsenfrüchten, Bohnen und Nüssen enthalten.

Was du essen solltest

Ernährungswissenschaftler teilen die Nährstoffe in fünf verschiedene Gruppen ein. Du brauchst täglich wenigstens zwei Nahrungsmittel aus den Gruppen 1, 3 und 4 und jeweils eines aus den Gruppen 2 und 5.

1. Mageres Fleisch, Fisch, Eier, Linsen, Bohnen und Nüsse.

2. Brot, Kartoffeln, Getreide, Reis und Nudeln; möglichst immer als Vollkornprodukte.

3. Milch, Käse, Joghurt.

4. Obst und Gemüse.

5. Fette und Öle.

Kalorien

Ungefähr
40 cal oder 160 J

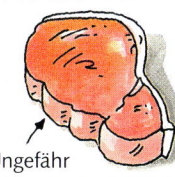

Ungefähr
340 cal oder 1 420 J

Die Menge der aus der Nahrung gewonnenen Energie wird in Kalorien oder seit einiger Zeit in Kilojoule angegeben (1 cal = 4,1868 J oder 1 J = 0,236 cal). Jedes Nahrungsmittel hat seine eigene Kalorienmenge. Wie viele Kalorien ein Mensch täglich benötigt, hängt von der Energiemenge ab, die er verbraucht. Die Energiemengen, die du während der Pubertät brauchst, entsprechen denen eines Erwachsenen. Männer brauchen aufgrund ihrer Körpergröße gewöhnlich mehr Energie als Frauen.

Das Idealgewicht

Während der Pubertät fällt nicht nur dein Wachstum auf, sondern auch deine Gewichtszunahme. Das liegt am verstärkten Wachstum der Knochen, Muskeln, inneren Organe und Fettschichten. Infolge der Produktion von weiblichen Geschlechtshormonen ist bei Mädchen die Fettschicht größer und anders verteilt als bei Jungen. Sie ist eine Energiereserve für eine spätere Schwangerschaft. Es ist nicht leicht, ein Idealgewicht festzulegen, da wir uns alle in unserem Körperbau stark voneinander unterscheiden.

Mit zehn Jahren

55 % des endgültigen Gewichts

59 % des endgültigen Gewichts

Ein Junge in der Pubertät braucht täglich ungefähr 2 950 cal oder 12 350 J.

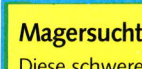

Ein Mädchen in der Pubertät braucht täglich ungefähr 2 150 cal oder 9 000 J.

Findest du dich zu dick?

Alle Kalorien, die nicht als Energie freigesetzt werden, speichert der Körper als Fettpolster unter der Haut. Grundsätzlich gilt, daß dicke Menschen meist früher sterben als dünne und mehr unter bestimmten Beschwerden wie Herzkrankheiten leiden. Wenn du meinst, daß du zu dick bist, solltest du einen Arzt befragen. Wenn du nämlich bei ungefähr gleicher Größe mehr als dreizehn Kilogramm über dem Durchschnittsgewicht deiner Freunde liegst, dann ißt du wahrscheinlich zu viele Dickmacher. Fette haben die meisten Kalorien, Kohlenhydrate die zweitmeisten. Iß von beiden weniger, meide vor allem Pommes frites sowie süße Speisen und Getränke. Die meisten Fertiggerichte enthalten ebenfalls viele Kohlenhydrate und Fett. Ballaststoffe hingegen sättigen, ohne dir Kalorien zuzuführen. Versuch es aber nicht mit einer radikalen, einseitigen Abmagerungskur. Solche Kuren sind nicht ausgewogen, und du nimmst sofort wieder zu, wenn die Diät beendet ist.

Magersucht

Diese schwere Krankheit tritt bei Frauen und jungen Mädchen in der Pubertät auf. Sie sind von dem unsinnigen Gedanken besessen, zu dick zu sein, obwohl das nicht stimmt. Magersüchtige nehmen beängstigend viel ab, haben keine Blutung mehr und leugnen heftig, daß irgend etwas nicht in Ordnung sei. Man glaubt, daß die Ursachen psychisch sind. Der häufigste Grund scheint Rollenverweigerung zu sein. Das heißt, daß die Frau oder das Mädchen die Frauenrolle und die damit verbundenen Erwartungen nicht erfüllen und durch Hungern ihre Kindlichkeit erhalten will. Die jeweiligen Motive können nur in vielen Gesprächen mit einem Arzt ersichtlich werden.

Sport

Sportliche Betätigung ist eine wichtige Voraussetzung für gute Gesundheit. Wenn du während der Pubertät viel Sport treibst, dann schöpfst du die Kraft- und Wachstumsreserven deines Körpers voll aus. Durch Sport werden nicht nur die Muskeln gestärkt, sondern auch das Herz, das ebenfalls ein Muskel ist, sowie Lungen und Knochen. Je früher du deinen Körper trainierst, desto geringer ist die Wahrscheinlichkeit, daß du im Alter bestimmte Krankheiten bekommst wie Herz- und Kreislauferkrankungen.

Wozu Sport gut ist

Sport kann sich in vielerlei Hinsicht positiv auswirken.

Muskel-training

Radfahren

Tanzen

Fitneß-übungen

Entspannungsübungen

1. Sport stärkt den Körper, indem er die Muskeln ausbildet. Ohne dauernde Übung verkümmern sie und wandeln sich in Fett um.

2. Sport hält die Gelenke geschmeidig, so daß sie nicht steif werden und schmerzen.

3. Wer Sport treibt, atmet tiefer, und es kann mehr Sauerstoff in die Lungen eindringen. Alle Nahrung im Körper muß sich erst dort mit dem Sauerstoff verbinden, bevor aus beiden Energie freigesetzt werden kann.

4. Sport stärkt das Herz, so daß es mit geringerem Aufwand das Blut durch den Körper pumpen kann. Schon der Spurt zu einer Bushaltestelle kann ein untrainiertes Herz belasten.

5. Sport regt den Blutkreislauf an, indem sich die Blutgefäße erweitern und neue Kanäle geöffnet werden. So gelangen Nahrung und Sauerstoff durch den Blutkreislauf schneller in alle Teile des Körpers.

6. Sport erhöht die Reaktions- und Koordinationsfähigkeit sowie die Anmut der Bewegungen, indem er die Gehirntätigkeit und das Nervensystem anregt.

7. Sport hält schlank, weil er überschüssige Kalorien abbauen hilft.

8. Sport macht lockerer und weniger anfällig für Streß und Krankheiten. Man fühlt sich rundherum gesünder.

Turnen

Laufen

Tennis

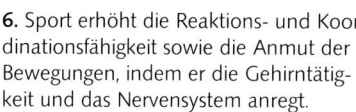

Sich gesünder füh

Welche Sportart ist die beste?

Beinahe jede Art von Sport ist besser als keine. Wenn du etwas für deinen allgemeinen Gesundheitszustand tun willst, solltest du dich für eine Sportart entscheiden, die möglichst viele der links aufgeführten Wirkungen erfüllt. Das gilt in erster Linie für das Schwimmen, aber auch für Fußballspielen, Gymnastik, Radfahren und schwungvolles Tanzen.

Gute Haltung

Es mag zwar anfangs viel Mühe kosten, sich eine gute Haltung anzugewöhnen, aber es lohnt sich. Wenn du erst mal richtig stehst, gehst oder sitzt, wirst du merken, daß beides weniger anstrengend ist. Denn eine schlechte Haltung beansprucht den Körper viel mehr.

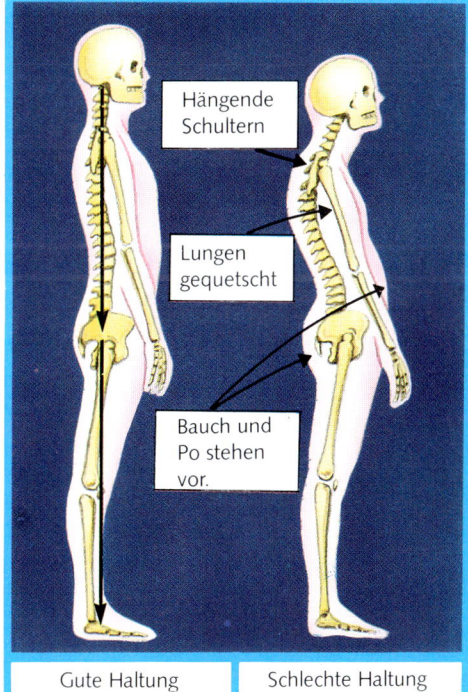

Hängende Schultern

Lungen gequetscht

Bauch und Po stehen vor.

| Gute Haltung | Schlechte Haltung |

Stell dir eine senkrechte Linie vor, die von deinem Ohr den ganzen Körper hinunter durch das Becken bis zum Spann verläuft, so wie es auf der linken Abbildung zu sehen ist. Auf dem rechten Bild kannst du erkennen, wie anstrengend es für deinen Körper sein muß, so falsch zu stehen.

Schlaf

In der Pubertät brauchst du viel Schlaf, denn du wächst viel und verbrauchst sehr viel Energie. Während man schläft, erholt und regeneriert sich der Körper. Die Muskeln entspannen sich und Atmung und Herztätigkeit gehen zurück. Aber auch das Gehirn erholt sich. Träume sind ebenfalls wichtig für die seelische und damit auch für die körperliche Erholung. Was Träume letztendlich bewirken, weiß zwar niemand genau, aber Untersuchungen mit „Testschläfern" haben erwiesen, daß sie krank zu werden drohten, nachdem sie immer wieder aus ihren Träumen geweckt wurden. Träumende Menschen kann man – außer durch Messen der Gehirnströme – an der schnellen Bewegung der Augäpfel bei geschlossenen Augenlidern erkennen. Jeder Mensch hat in der Nacht mehrere Traumphasen, die bis zu einer halben Stunde lang sein können.

Pausen

Pausen sind eine notwendige Erholung. Nach jeder sportlichen Betätigung solltest du eine Pause einlegen. Dein Körper braucht die Ruhe. Während du dich z. B. hinsetzt und liest, können sich Muskeln und Herz entspannen. Umgekehrt kann sich dein Gehirn beim Sport erholen, wenn du geistig hart gearbeitet hast.

Die richtigen Schuhe

Deine Füße sind erst etwa mit dem 20. Lebensjahr völlig ausgewachsen. Deshalb mußt du unbedingt während der ganzen Pubertät auf den Sitz deiner Schuhe achten. Sind sie zu klein, können die Füße nicht richtig wachsen; sind sie zu eng oder zu spitz, bekommst du Hühneraugen und entzündete Fußballen; ist das Material nicht elastisch genug, können sich die Muskeln nicht richtig entwickeln. Hohe Absätze sind ungünstig, weil sie die natürliche Gewichtsverteilung deines Körpers so verändern, daß dein gesamter Körper unnötig belastet wird.

Drogen

Alkohol und Nikotin sind Drogen, auf die der Körper mit Suchterscheinungen reagiert. Das heißt, er gewöhnt sich an diese Stoffe, wird von ihnen abhängig und zeigt Entzugserscheinungen, wenn sie abgesetzt werden. Rauchen schädigt die Gesundheit und kann schwerwiegende Erkrankungen verursachen. Man nimmt an, daß ein Drittel aller Krebsfälle unmittelbar auf Tabakgenuß zurückzuführen ist. Viele Leute wollen von dieser Gefährdung ihrer Gesundheit allerdings nichts wissen. Abgesehen davon, daß sie sich selbst vom Rauchen und Alkoholtrinken nicht abbringen lassen, könnten sie auch dich dazu verführen. Mach es ihnen nicht nach, denn Rauchen und Alkoholtrinken sind kein Zeichen von Reife und Erwachsensein.

Rauchen

1

Man nimmt an, daß jede Zigarette das Leben eines Rauchers um vierzehn Minuten verkürzt. Die meisten „Kettenraucher" sterben tatsächlich an typischen Raucherkrankheiten. Auch Nichtraucher werden schon allein durch das Mitrauchen gefährdet, wenn sie in einer verrauchten Umgebung leben und arbeiten. Es lohnt sich immer, das Rauchen aufzugeben. Solange noch keine unmittelbaren Erkrankungen eingetreten sind, verringern sich die Risiken nach dem Aufhören allmählich, bis sie etwa nach zehn Jahren fast ganz verschwunden sind. *Nikotin* und *Teer* sind die beiden gefährlichsten chemischen Stoffe im Tabakrauch.

2

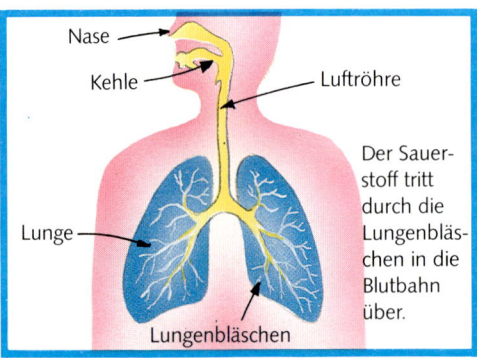

Nase — Kehle — Luftröhre — Lunge — Lungenbläschen

Der Sauerstoff tritt durch die Lungenbläschen in die Blutbahn über.

Die eingeatmete Luft muß gereinigt werden, bevor sie den unteren Teil der Lungenflügel erreicht. Zu diesem Zweck wird sie durch den *Schleim* in der Nase und in den oberen Luftwegen geleitet. Schmutzteilchen und Bakterien bleiben im Schleim zurück, während winzige *Flimmerhärchen* den Schleim am Vordringen in die Lunge hindern und in Richtung Kehle und Nase treiben.

3

Der Teer im Tabakrauch reizt die Lungenbläschen so, daß sie sich zusammenzziehen. Außerdem regt er die Schleimproduktion an und hindert die Härchen an ihrer Filtertätigkeit. Schleim, Schmutz und Bakterien lagern sich in der Lunge ab. Der sogenannte *Raucherhusten*, eine Art Bronchitis (Entzündung der Lungenbläschen), ist die Folge, und die Infektionsgefahr für die Lunge erhöht sich.

4

Neunzig Prozent der an Lungenkrebs erkrankten Patienten sind Raucher. Die meisten Ärzte halten den Teer für den krebsauslösenden Stoff.

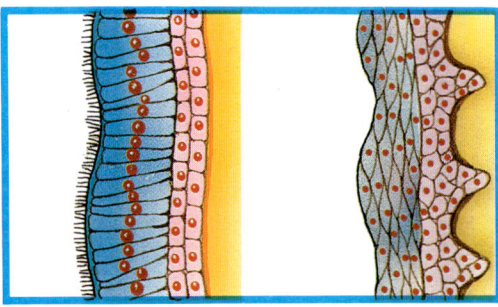

Gesunde Lungenzellen   Lungenzellen mit Krebsbefall

5

Nikotin wirkt auf Gehirn und Nervensystem und wird deshalb von Rauchern als angenehm empfunden. Nichtrauchern hingegen kann davon leicht schwindelig und übel werden. Rauchen beschleunigt den Herzschlag, verengt die Blutgefäße und erhöht die Neigung zu Herz-und Kreislauferkrankungen.

Alkohol

Alkohol gehört zu den Drogen, die den Stoffwechsel verlangsamen. Kleine Mengen haben auf viele Leute eine anregende oder beruhigende oder seelisch aufbauende Wirkung. Größere Mengen Alkohol schränken jedoch die Reaktions- und Koordinationsfähigkeit ein. Deshalb ist Alkohol am Steuer so gefährlich. Außerdem kann einem Betrunkenen übel oder schwindelig werden; er kann sogar vorübergehend das Bewußtsein verlieren oder an Erbrochenem ersticken.

Schnaps	Wein	Bier
enthält etwa 40 % Alkohol.	enthält etwa 12 % Alkohol.	enthält etwa 5 % Alkohol.

Wie stark Alkohol auf einen Menschen wirkt, hängt unter anderem von der Höhe des Alkoholgehalts des jeweiligen Getränks ab. Schnäpse wie Weinbrand und Korn sind stärker als Wein, der seinerseits wieder stärker als Bier ist. Auch das Gewicht eines Menschen (je mehr er wiegt, desto mehr verträgt er), die Gewöhnung an Alkohol sowie seine körperliche und seelische Verfassung spielen eine Rolle.

Wer über einen längeren Zeitraum viel Alkohol zu sich nimmt, wird dick. Alkohol hat zwar keinen Nährwert, enthält aber viele Kalorien. Erhöhter Alkoholgenuß führt darüber hinaus häufig zu Entzündungen der Magenschleimhaut und damit zu Magengeschwüren, Erkrankungen der Leber (Zirrhose), Schädigungen des Gehirns, der Nieren und der Muskeln.

Das Gehirn eines Menschen, der regelmäßig viel Alkohol trinkt, läuft dauernd auf Hochtouren, um gegen die verlangsamende Wirkung des Alkohols anzukämpfen. Auch in „trockenen Stunden" kann das Gehirn nicht abschalten. Die Folge ist, daß so ein Mensch ständig erregt, nervös, zappelig und aufgekratzt ist, bis er wieder einen bestimmten Alkoholspiegel erreicht hat. Ein derartiges Verhalten ist ein Zeichen von Alkoholabhängigkeit.

Verbotene Drogen

Viele Drogen sind so gefährlich, daß es verboten ist, sie zu verkaufen und einzunehmen, außer unter ärztlicher Aufsicht. Zu diesen Drogen gehören Heroin, Kokain und seit neuestem auch Crack, ein chemisch hergestellter Kokainersatz. Sie alle führen innerhalb kurzer Zeit zur Abhängigkeit. Deshalb solltest du sie nie ausprobieren. Da diese Drogen sinnestäuschend wirken, üben sie zunächst eine ungeheure Faszination aus, aber Drogenabhängige haben große körperliche und seelische Probleme, und viele sind schon an Drogen gestorben. Laß dir nicht weismachen, daß dir nur ein kleines bißchen von einer Droge nichts schadet – das ist gelogen! Glaub auch nicht, daß Heroin nur als Injektion gefährlich ist, geraucht und geschnüffelt hat es eine genauso verheerende Wirkung.
Damit du nicht versehentlich an so eine Droge gerätst, solltest du sie auch unter ihren umgangssprachlichen Namen kennen, als Rocks, Brown Sugar, H. („Aitsch"), Schnee, Candy, Koks, Coke, oder allgemein für Rauschgift, Dröhnung. Lehne auch alle dir unbekannten Tabletten, Trips und Pulver ab, auch wenn sie dir unter harmlosen Namen angeboten werden. Zigaretten, die in einer Runde zum Rauchen weitergegeben werden, könnten im schlimmsten Fall Heroin enthalten. Aber auch Haschisch (oder Marihuana) gehört zu den verbotenen Drogen. Es wird aus der Cannabispflanze (Indischer Hanf) gewonnen und wird häufig als Dope, Gras, Pot, Heu, Shit oder Kif bezeichnet. Außer in Zigaretten als „Joint" geraucht, nehmen manche Leute Haschisch in Speisen oder Tee zu sich.

Schnüffeln

Manche Leute atmen z. B. die Dämpfe von Benzin, Lösungsmitteln oder Klebstoffen ein und erzielen so eine ähnliche Wirkung wie durch Alkoholgenuß, außer daß dieses Schnüffeln oder „Sniffen" weitaus gefährlicher ist. Es hat nämlich schon zu vielen Todesfällen geführt. Die eingeatmeten Stoffe können Gehirn, Nerven, Leber, Nieren, Lungen und Knochen ernsthaft schädigen. Schnüffeln aus Kunststofftüten kann sogar den Tod durch Ersticken zur Folge haben.

Arzneimittelmißbrauch

Auch Tabletten, Pulver, Tropfen und andere Mittel wie Kopfschmerz- oder Schlankheitstabletten, die du in der Apotheke ohne Rezept kaufen kannst, können stark gesundheitsschädigend sein. Außer daß auch sie süchtig machen können, weil sie meist anregend wirken, kann man sterben, wenn man sie zu häufig und in zu großen Mengen nimmt. Alle Medikamente sind Fremdstoffe für den Körper. Überleg immer genau, ob du wirklich eine Tablette brauchst oder ob es nicht reicht, wenn du dich hinlegst und ausruhst. Außerdem solltest du nie Medikamente nehmen, die nicht dir, sondern jemand anderem verschrieben worden sind.

Sauberkeit ist wichtig

In der Pubertät spielt Sauberkeit eine viel größere Rolle als in der Kindheit, denn die Hautbeschaffenheit hat sich geändert. Die Haut sondert jetzt mehr Stoffe ab, die regelmäßig abgewaschen werden müssen, da sich sonst starker Körpergeruch bildet, oder Bakterien Entzündungen hervorrufen können.

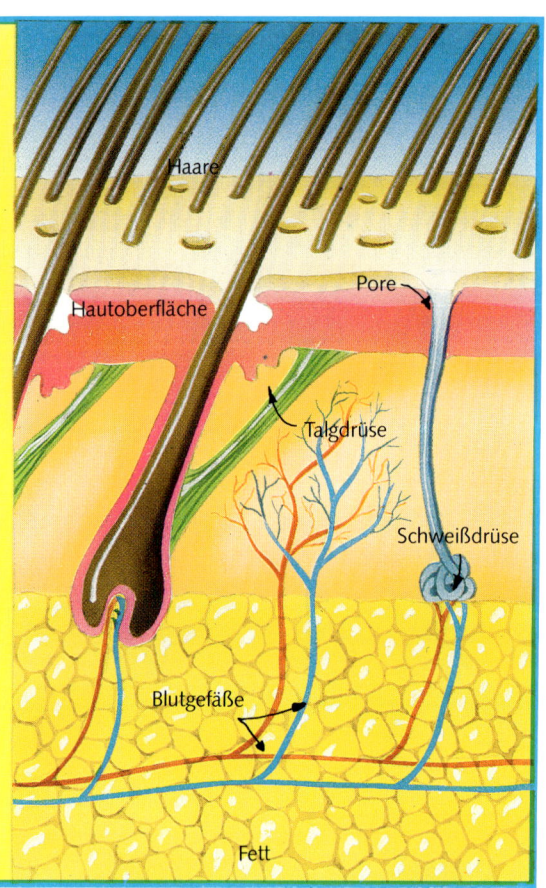

Die Haut

Auf dem nebenstehenden Bild ist ein Stück Haut im Querschnitt abgebildet, so daß du erkennen kannst, was sich unter der Oberfläche befindet.

Hautoberfläche oder Epidermis: Die oberste Schicht der Haut ist abgestorben und wird durch die dauernde Berührung mit der Umwelt immer wieder abgerieben. Die nächste Hautschicht von unten übernimmt dann die Rolle der obersten Schicht.

Talgdrüsen: Der von ihnen abgesonderte, fettige Talg überzieht Haut und Haare mit einer wasserbeständigen, geschmeidigen Schicht. Die Steigerung der Talgproduktion während der Pubertät führt oft zu einer Überfettung von Haut und Haaren und somit zur Bildung von Pickeln.

Schweißdrüsen: Auch wenn du gar nicht schwitzt, sondern die Schweißdrüsen ständig Schweiß ab, der durch die Poren der Haut nach außen dringt. Dein Körper wird durch diese ständige Absonderung gereinigt und die Körpertemperatur auf gleicher Höhe gehalten. Während der Pubertät schwitzt du mehr als in den Jahren davor.

Haare

Hautoberfläche

Pore

Talgdrüse

Schweißdrüse

Blutgefäße

Fett

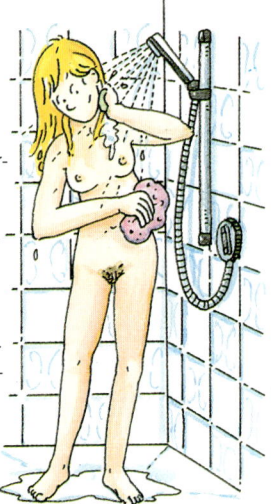

Waschen

Du solltest dir täglich den Schmutz, abgestorbene Hautzellen, Talg und Schweiß abwaschen. Unter den Achseln und an den Geschlechtsorganen befindene sich besonders viele Schweißdrüsen. Gerade diese Stellen mußt du deshalb täglich waschen.

Achselhöhlen

Viele Leute schwitzen aufgrund der vermehrten Anzahl von Schweißdrüsen besonders in den Achselhöhlen, vor allem dann, wenn sie aufgeregt sind. In solchen Fällen hilft ein Deodorant oder ein Antitranspirant (schweißhemmendes Mittel). Sie verlangsamen das Wachstum von Bakterien auf dem Schweiß oder lassen durch die Verstopfung von Poren weniger Schweiß austreten. Das Waschen ersetzen sie allerdings nicht.

Die Zähne

Die meisten Menschen haben erst mit ungefähr sechzehn Jahren alle Zähne, außer den vier Weisheitszähnen. Um Erkrankungen von Zähnen und Zahnfleisch vorzubeugen, solltest du dir mindestens zweimal täglich die Zähne putzen.

Zahnverfall wird von Bakterien verursacht, die vor allem von Zuckerrückständen in deinem Mund leben. Die Bakterien vermehren sich rasch und bilden auf deinen Zähnen Plaques (Bakterienkolonien). Durch diesen konzentrierten Bakterienangriff entsteht *Karies*, das heißt Löcher im Zahn. Wenn sie nicht rechtzeitig plombiert werden, beginnt der Zahn allmählich zu schmerzen, und es kann sich eine Entzündung oder ein Abzeß bilden. Wenn auch noch das Zahnfleisch beschädigt wird, kann der Zahn faulen oder sich lockern und ausfallen.

Sauberkeit im Genitalbereich

Zunächst sind Urin, Scheidenausfluß, Menstruationsblut, Samen und Schweiß ganz saubere Stoffe. Sobald sie den Körper verlassen haben, werden sie von Bakterien zersetzt und beginnen zu riechen. Damit die Bakterien nicht schon durch die Scheide, die Harnröhrenöffnung und den Penis in den Körper dringen, solltest du deinen Genitalbereich täglich gründlich waschen.

Auch im After sammeln sich Bakterien; deshalb sollten sich Frauen immer von vorn nach hinten waschen, damit keine Bakterien vom After in die Scheide oder in die Harnröhre gelangen können. Männer müssen ihre Vorhaut vorsichtig zurückschieben und die Eichel waschen.

Verwende nur milde Seife und warmes Wasser im Genitalbereich und kein Deodorant oder Antitranspirant, da die Mittel Zusätze enthalten, die zu Entzündungen führen können. Nach dem Waschen solltest du immer frische Wäsche anziehen.

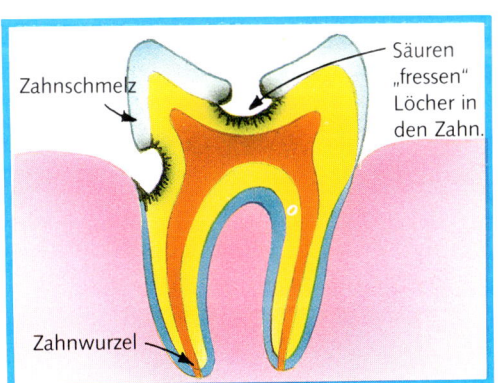

Zahnschmelz

Säuren „fressen" Löcher in den Zahn.

Zahnwurzel

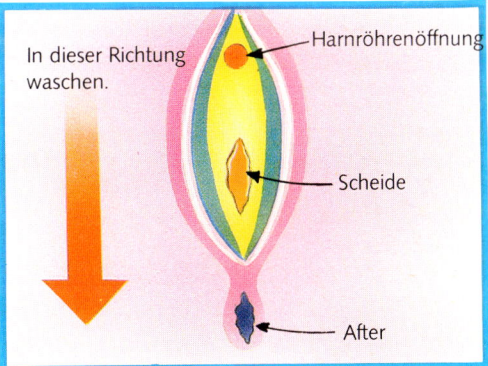

In dieser Richtung waschen.

Harnröhrenöffnung

Scheide

After

Wie man Zähne putzen sollte

Beim Zähneputzen kommt es mehr auf die Gründlichkeit als auf den Druck an. Halte die Zahnbürste fast waagrecht und bürste auf und nieder (vom Zahnfleisch weg), und zwar so, daß sich die Borsten der Zahnbürste zwischen deine Zähne schieben. Um die Rückseite der Zähne zu putzen, hältst du die Zahnbürste senkrecht.

Ausfluß

Ein gewisser Scheidenausfluß ist bei jeder Frau normal. Die Flüssigkeiten, die im Gebärmutterhals während des Menstruationszyklus gebildet werden, und die Gleitflüssigkeit fließen aus der Scheide. Der Ausfluß kann klar oder milchig sein und ist fast geruchlos. Bei manchen Mädchen bildet sich schon einige Monate vor der ersten Blutung ein weißlicher Ausfluß.

Wenn dein normaler Ausfluß viel zähflüssiger wird, sich die Farbe verändert, er zu jucken oder gar zu brennen beginnt, dann bedeutet das wahrscheinlich, daß sich Bakterien, die auch normalerweise in deiner Scheide leben, stark vermehrt und eine Entzündung hervorgerufen haben. Du solltest einen Arzt aufsuchen, der die Entzündung mit *Antibiotika* (gegen Bakterien) oder mit *Antimykotika* (gegen Pilze) behandelt. Bei einem Mann ist Ausfluß grundsätzlich ein Anlaß, zum Arzt zu gehen.

Das Gesicht

Manche Fachleute meinen, Seife sei nicht gut für das Gesicht, weil sie die Talgschicht zu stark angreift. Andererseits neigen gerade junge Menschen in der Pubertät zu einer Überproduktion von Talg, und die Reinigungscremes und -lotionen, die es im Handel gibt, sind sehr teuer, und tun deiner Haut nicht unbedingt gut. Du brauchst eine Weile, bis du herausfindest, welche Mittel für deine Haut am besten sind.

Pickel

Während der Pubertät ist wahrscheinlich der Hormonspiegel für die vermehrte Talgproduktion verantwortlich. Möglicherweise handelt es sich dabei in erster Linie um das Hormon Testosteron, da vor allem Jungen von Pickeln und Akne befallen werden. Hauptangriffspunkte sind Gesicht und Rücken, wo die meisten Talgdrüsen sitzen.

Wenn sich Talg an der Öffnung einer Talgdrüse angesammelt hat, entsteht ein sogenannter Mitesser. Bildet er sich in einer tieferen Hautschicht, entsteht eine rötlich entzündete Stelle oder ein weißer Pickel, der vielleicht noch von Bakterien infiziert ist und eitert.

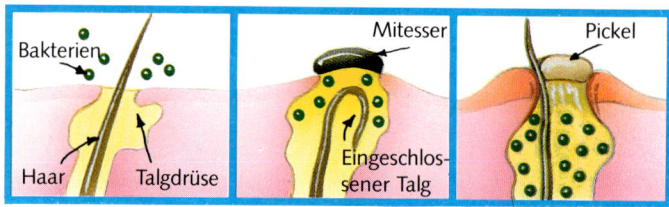

Falls du zu Pickeln neigst, solltest du dein Gesicht häufig mit warmem Wasser und milder, entzündungshemmender Seife waschen, aber auf keinen Fall parfümierte Seife benutzen. Auch die ultravioletten Strahlen des Sonnenlichts wirken entzündungshemmend und helfen gegen Akne. Durch fettiges Make-up verschlimmerst du die Pickelbildung. Bei manchen Jugendlichen hilft auch, daß sie auf bestimmte Speisen wie Pommes frites, scharfe Gewürze oder Schokolade verzichten. Junge Männer können vielleicht eine Besserung herbeiführen, wenn sie den Rasierapparat nach jeder Rasur desinfizieren. Wenn das alles nichts nützt, solltest du unbedingt einen Arzt aufsuchen. Du solltest übrigens Pickel nicht ausdrücken, weil du damit deine Haut verletzen und die Entzündung nur verbreiten könntest. Wenn du es unbedingt machen willst, beschränke dich auf Mitesser, und achte darauf, daß deine Hände sauber sind.

Haare

Durch Haarewaschen werden Schmutz, abgestorbene Hautzellen, Schweiß und Talg herausgespült. Der Talganteil hängt davon ab, ob du eher fettige oder trockene Haut hast. Fettige Haare kannst du ruhig täglich mit einem milden Shampoo waschen, während trockene Haare vielleicht nur einmal in der Woche gewaschen werden müssen.

Schuppen sind abgestorbene Hautzellen der Kopfhaut und treten eher bei Leuten mit trockenen Haaren auf. Die vielen Mittel gegen Schuppen helfen wohl nicht in allen Fällen. Solltest du unter starker Schuppenbildung leiden, so kann dir ein Hautarzt helfen.

Finger- und Fußnägel

Wie man den Nagel der großen Zehe schneiden sollte.

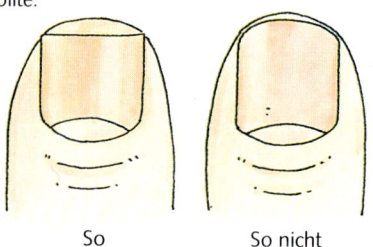

So   So nicht

Halte deine Nägel sauber, indem du sie mit einer Nagelbürste schrubbst. Du kannst deine Fingernägel mit einer Nagelschere, einem Nagelknipser oder einer Nagelfeile kürzen. Du solltest lieber eine Feile aus Sandpapier als eine aus Metall benutzen, da sie die Nägel wegen ihrer Härte spalten könnte. Wenn deine Nägel leicht brechen, hältst du sie am besten kurz. Für deine Zehennägel brauchst du eine sehr scharfe Schere. Schneide die Nägel gerade und nicht nach der Rundung, da sonst der Nagel leicht in das Nagelbett einwächst und daraus eine Entzündung entstehen kann.

Erwachsenwerden – ein neues Gefühl

Je mehr du körperlich und geistig reifst, desto unabhängiger wirst du und desto mehr verändert sich deine Beziehung zu den Menschen um dich herum. Für manche Leute ist diese Entwicklung recht anstrengend. Vielleicht hilft dir die Überlegung, daß andere in deinem Alter gerade etwas Ähnliches durchmachen und daß alle die, die dir jetzt alt vorkommen, in ihrer Jugend entsprechende Erfahrungen gemacht haben. Vielleicht hilft dir auch das Wissen, daß ein Teil der Gefühle, die du erlebst, mit den Veränderungen in deinem Körper zusammenhängen und von dir selbst gar nicht beeinflußbar sind.

Unabhängig

Je älter du wirst, desto mehr Verantwortung wirst du wahrscheinlich für dich selbst übernehmen wollen. Das führt zunächst sicher zu Spannungen mit deinen Eltern, die sich erst an ihr „erwachsenes" Kind gewöhnen müssen.

Ich

Wie jeder andere in deinem Alter stellst du dir jetzt häufig die Frage, was für ein Mensch du bist und wie du später einmal sein und was du machen möchtest. Es ist gar nicht einfach, sich mit dieser „neuen", erwachsenen Person auseinanderzusetzen, und manchmal fühlst du dich dabei sicher allein und unverstanden.

Freunde

Die meisten Jugendlichen haben enge Freunde und manche verlieben sich auch schon. Gute Freunde zu haben, ist sehr wichtig und schön. Paß aber auf, daß du dich nicht zu sehr von anderen bestimmen läßt. Steh ruhig zu deinem Anderssein, wenn du dich bei irgendwelchen Vorhaben nicht wohlfühlst und deshalb nicht mitmachen willst.

Launisch

Wenn du jetzt zuweilen gereizt, launisch, aber auch traurig bist, dann kannst du viel Schuld bei deinem schwankenden Hormonspiegel suchen. Je mehr du dich aber an die Veränderungen in deinem Körper und deinen Gefühlen gewöhnst, desto weniger wirst du dir und anderen auf die Nerven gehen.

Schüchtern

Viele Jugendliche sind zunächst schüchtern, weil es ihnen an Selbstbewußtsein fehlt. Wie sehr du darunter leidest, hängt von deiner Wesensart ab. Vielleicht hilft dir der Gedanke, daß andere, auch Erwachsene, oft schüchtern sind, ohne daß man es ihnen anmerkt. Man kann nämlich sein Verhalten trainieren und damit unangenehme Situationen überspielen.

Wichtige Begriffe

Im folgenden findest du eine Zusammenstellung von Begriffen, die im Text vorgekommen sind oder die du möglicherweise schon einmal gehört hast und deren Bedeutung du wissen möchtest. Wenn du einen Begriff weder hier noch auf Seite 95/96 findest, dann schau im Register am Ende des Buches nach. Vielleicht kommt er an irgendeiner Stelle im Text vor und wird dort erklärt. Halbfett gedruckte Wörter im laufenden Text verweisen auf das entsprechende Stichwort.

AIDS: Seit Beginn der 80er Jahre breitet sich AIDS immer stärker aus, und bis heute ist keine wirksame Behandlung gegen AIDS bekannt. AIDS steht für **A**quired **I**mmune **D**eficiency **S**yndrome; auf deutsch „Erworbene Immunabwehrschwäche".
AIDS wird durch das Virus HIV hervorgerufen. Das Virus läßt sich durch einen Bluttest nachweisen, der die HIV-Antikörper aufzeigt. Wer „positiv" ist, hat sich bereits angesteckt. Viren tötet die Abwehrkörper im Blut, so auch das HIV. Der dadurch geschwächte Körper kann sich nicht mehr gegen Krankheiten schützen, z. B. Bakterien, Viren oder Pilze. Zunächst lassen sich zwar die Krankheiten noch mit Medikamenten bekämpfen, aber jeder neue Krankheitsverlauf wird für den Patienten gefährlicher, weil der Körper immer schwächer wird. Bisher ist das Heilen der einzelnen Krankheitsstadien nur ein Hinauszögern des Todes.
Das HIV-Virus ist vor allem in Blut- und Samenflüssigkeit, aber auch in Vaginalsekret enthalten. In geringen Mengen kann es auch z. B. im Speichel oder in der Tränenflüssigkeit vorkommen, jedoch scheint eine Ansteckungsgefahr hierüber ausgeschlossen.
Die Hauptansteckungsgefahr liegt einerseits beim Geschlechtsverkehr, wenn Samen- oder Vaginalflüssigkeit einer infizierten Person in den Körper eines Nichtinfizierten gelangen. Andererseits kann das Blut eines Infizierten durch Übertragung bei einem Nichtinfizierten AIDS hervorrufen. Hier sind vor allem Drogenabhängige gefährdet, die sich in Gruppen eine Nadel teilen. Blutkonserven, Spritzen u. ä. werden sterilisiert. Schwangere, die AIDS haben, können während der Schwangerschaft, der Geburt oder wahrscheinlich auch durch die Muttermilch ein Baby anstecken.
Derzeit gibt es nur wenig Möglichkeit, sich vor AIDS zu schützen. Je weniger verschiedene Sexualpartner man hat, desto geringer ist das Risiko, sich anzustecken. Das Benutzen von Kondomen und spermienabtötenden Cremes verringert die Ansteckungsgefahr. Drogenabhängige sollten nie mit anderen die Nadel teilen. Außerhalb des Körpers kann das HIV-Virus nicht übertragen werden. So besteht z. B. keine Gefahr, einen Infizierten oder dessen Gegenstände wie Handtücher oder Klo zu berühren. Aus heutiger Sicht ist der Schutz beim Geschlechtsverkehr sowohl für Heterosexuelle als auch für männliche Homosexuelle durch Kondome absolut wichtig.

Akne: Bezeichnung für das gehäufte Auftreten von Pickeln während der Pubertät, besonders auf Gesicht, Brust, Rücken und Schultern. Es handelt sich dabei um eine Mischung von entzündeten Eiterpickeln und Mitessern, die wahrscheinlich durch erhöhte Hormonproduktion entstehen.

Amenorrhöe: Ausbleiben der **Periode**.

Aphrodisiakum: Mittel, das die sexuelle Lust steigern soll.

Basaltemperatur-Methode: Eine Frau, die jeden Morgen ihre Körpertemperatur mißt, kann mit Hilfe dieser Methode ihre empfängnisfreien beziehungsweise ihre „fruchtbaren" Tage ungefähr vorausberechnen.

Befruchtung: Die Verschmelzung der Zellkerne von Ei- und Samenzelle. Daraus entsteht ein neues Lebewesen.

Beischlaf: Anderes Wort für **Geschlechtsverkehr**.

Bisexualität: Der Geschlechtstrieb richtet sich sowohl auf das eigene als auch auf das andere Geschlecht.

Blue Movie: Pornographischer Film (siehe auch **Pornographie**).

Bordell: Haus, in dem **Prostituierte Geschlechtsverkehr** mit zahlenden Kunden haben. Die Prostituierte muß ihrerseits dem Bordellbesitzer „Miete" bezahlen. Der Bordellbesitzer ist nicht zwangsläufig auch ihr Zuhälter. Umgangssprachlich nennt man ein Bordell auch Puff oder Freudenhaus.

Callgirl: Eine Frau, die „auf eigene Rechnung", also ohne Zuhälter, in privater Umgebung Geschlechtsverkehr mit zahlenden Kunden hat. Sie schafft sich ihre Kontakte durch Zeitungsanzeigen oder Telefonanrufe (englisch call).

Candida: siehe **Soor**.

Cunnilingus: Erregung der weiblichen Geschlechtsteile mit dem Mund.

Cystitis: Meist bakterielle Entzündung der Blase und Harnwege; schmerzhaft und stechend beim Wasserlassen. Tritt bei Frauen häufiger auf als bei Männern.

Diaphragma: Eine dünne Gummikappe, die eine Frau als Verhütungsmittel vor dem Geschlechtsverkehr in die Scheide einführt. Es wirkt nur dann zuverlässig, wenn zusätzlich eine spermienabtötende Creme verwendet wird.

Dismenorrhöe: Schmerzen bei der **Periode**

Drüse: Gruppe von Körperzellen, die miteinander in Verbindung stehen und bestimmte Stoffe erzeugen, z. B. Hormone oder Flüssigkeiten (Sekrete).

Eierstöcke: Weibliche Geschlechtsdrüsen, die **Eizellen** produzieren. Jede Frau hat zwei Eierstöcke.

Eisprung: Das Aufplatzen des Follikels (Eibläschen) und das Abstoßen der **Eizelle**; geschieht normalerweise einmal im Monat.

Eizelle: Weibliche Geschlechtszelle.

Ejakulation: Samenguß und gleichzeitig **Orgasmus** des Mannes.

Embryo: Bezeichnung für das Kind in den ersten drei Monaten der Schwangerschaft.

Empfängnis: Schwangerwerden nach dem **Geschlechtsverkehr**. Dabei dringt eine **Samenzelle** in eine **Eizelle** ein.

Empfängnisverhütung: Maßnahmen, um beim **Geschlechtsverkehr** die Zeugung eines Kindes zu vermeiden.

Entbindung: Genaugenommen nur das Abbinden und Durchtrennen der **Nabelschnur**; wird aber häufig auch als anderes Wort für Geburt gebraucht.

Enthaltsamkeit: siehe **Keuschheit**.

Erektion: Das **Glied** des Mannes wird aufgrund sexueller Erregung größer und steif und steht dabei vom Körper ab.

Erogene Zonen: Körperteile oder Körperstellen (neben den Geschlechtsorganen selbst), die sexuell erregbar sind. Da jeder Mensch unterschiedlich empfindet, läßt sich nicht allgemeinverbindlich sagen, welche die erogenen Zonen sind. Es können z. B. die Brüste (vor allem bei der Frau), die Innenseiten der Schenkel oder auch der Bauch sein.

Erotik: Sinnliche Ausstrahlung beziehungsweise Anziehungskraft von Personen, aber auch von Bildern, Texten oder Musik; sie ruft meist den Wunsch nach **Geschlechtsverkehr** hervor. Es läßt sich allerdings nicht eindeutig definieren, was Erotik ist, da Menschen völlig unterschiedlich empfinden. So kann z. B. sogar die Art, wie jemand eine Kaffeetasse hält, auf eine andere Person erotisch wirken.

Exhibitionist: Eine Person, die sich nackt in der Öffentlichkeit zeigt und dabei sexuelle Lust empfindet.

Familienplanung: siehe **Geburtenkontrolle**.

Fellatio: Erregung der männlichen Geschlechtsorgane mit dem Mund.

Fetus: Bezeichnung für das Kind im Mutterleib nach dem dritten Monat der Schwangerschaft; gelegentlich noch gebrauchte Schreibweise: Fötus.

Freudenhaus: siehe **Bordell**.

Frigidität: Die (häufig psychisch bedingte) Unfähigkeit der Frau, sexuelle Lust zu empfinden.

Fruchtblase: Sie enthält das Fruchtwasser, von dem das Kind im Mutterleib umgeben ist.

Gebärmutter: Das Organ im Unterleib einer Frau, in dem ein Kind während der Schwangerschaft heranwächst.

Gebärmutterhals und Muttermund: Das untere Ende der **Gebärmutter**, durch das das Kind bei der Geburt in die **Scheide** rutscht.

Geburtenkontrolle: Das geplante Zeugen von Kindern mit Hilfe von Methoden zur **Empfängnisverhütung**.

Genitalien: Geschlechtsorgane.

Geschlechtsverkehr: Sexuelle Handlung, die zwei (oder mehrere) Personen miteinander begehen; wird auch als „Koitus" bezeichnet. Dabei führt der Mann sein **Glied** in die **Scheide** der Frau ein.

Glied: Teil der äußeren männlichen Geschlechtsorgane. Durch das Glied werden die **Samenzellen** nach außen befördert.

Gonorrhöe: Eine der häufigsten Geschlechtskrankheiten; auch „Tripper" genannt. Sie kann meistens mit Antibiotika behandelt und geheilt werden.

Gynäkologe: Frauenarzt.

Harnröhrenentzündung: Eine durch **Geschlechtsverkehr** übertragene Krankheit, die nur Männer befällt.

Hebamme: Geburtshelferin; sie kann darüber hinaus auch Frauen während der Schwangerschaft betreuen.

Hermaphrodit: siehe **Zwitter**.

Herpes: Eine Erkrankung, die sich als Bläschenausschlag zeigt. Man unterscheidet zwischen Herpes 1 und Herpes 2: Herpes 1 (Herpes simplex) kann unter anderem durch Erkältung entstehen. Der Ausschlag tritt häufig an den Lippen auf und wird deshalb umgangssprachlich auch „Kußkrankheit" genannt. Im Gegensatz dazu ist Herpes 2 eine Krankheit der Geschlechtsorgane, die in den letzten Jahren immer häufiger aufgetreten ist. Sie ist noch nicht endgültig erforscht und kann bisher zwar gelindert, aber nicht endgültig geheilt werden.

Heterosexualität: Geschlechtstrieb, der sich auf Angehörige des jeweils anderen Geschlechts richtet.

Hoden: Teil der äußeren Geschlechtsorgane des Mannes, in denen die **Samenzellen** erzeugt werden. Die beiden Hoden befinden sich außerhalb der Körpers im Hodensack.

Homosexualität: Geschlechtstrieb, der sich auf Angehörige des eigenen Geschlechts richtet. Männliche Homosexuelle heißen in der Umgangssprache Schwule, weibliche Lesben.

Hormone: Chemische Substanzen, die als „Botenstoffe" wirken, indem sie bestimmte Abläufe im Körper auslösen oder steuern. Hormone werden in Drüsen erzeugt und mit dem Blut im ganzen Körper verteilt.

Hure: siehe **Prostituierte**.

Hysterektomie: Operation, bei der die **Gebärmutter** entfernt wird.

Impotenz: Die (häufig psychisch bedingte) Unfähigkeit eines Mannes, zu einer **Erektion** oder einem **Orgasmus** zu kommen und Kinder zu zeugen.

Inzest: **Geschlechtsverkehr** zwischen zwei miteinander eng verwandten Personen, z. B. zwischen Schwester und Bruder oder Tochter und Vater.

Intra-Uterin-Pessar: siehe **Spirale**.

Kalendermethode: Methode zur **Empfängnisverhütung**, häufig auch nach den Begründern als „Knaus-Ogino-Methode" bezeichnet. Danach errechnet die Frau aus den Daten ihres Menstruationszyklus die „sicheren Tage", also die Tage vor und nach dem Eisprung, an denen sie nicht schwanger werden kann.

Kastration: Die Entfernung oder Ausschaltung der Keimdrüsen, das heißt der **Hoden** oder der **Eierstöcke**.

Kastrationskomplex: Ein Begriff aus der Psychoanalyse, der die frühkindlichen Ängste von Jungen bezeichnet, wenn sie erkennen, daß Frauen kein **Glied** haben. Kein Glied zu haben oder die Entfernung des Glieds bedeutet nach dieser Theorie Strafe und Machtlosigkeit.

Keuschheit: Verzicht auf **Geschlechtsverkehr**, häufig aus religiösen Gründen.

Kitzler: Der empfindlichste Teil der weiblichen Geschlechtsorgane.

Koitus: siehe **Geschlechtsverkehr**.

Klitoris: siehe **Kitzler**.

Koitus interruptus: Unterbrochener **Geschlechtsverkehr**, bei dem der Mann sein **Glied** kurz vor dem Samenerguß aus der **Scheide** der Frau herauszieht. Eine umstrittene und unsichere Methode zur **Empfängnisverhütung**.

Kondom: Eine dünne Gummihülle, die vor dem **Geschlechtsverkehr** über das steife **Glied** gestreift wird, damit keine **Samenzellen** in die **Scheide** gelangen und somit eine **Empfängnis** vermieden wird. Außerdem sind Kondome ein wirksamer Schutz vor Geschlechtskrankheiten.

Libido: Bezeichnung aus der Psychoanalyse für das Verlangen nach körperlicher Befriedigung des Geschlechtstriebs. Diese Befriedigung beruht auf einem zunächst als Unlust empfundenen körperlichen Zustand, der nach einem Ausgleich verlangt.

Masochist: Ein Mensch, der sexuelle Lust dabei empfindet, wenn ihm Schmerzen und Erniedrigungen zugefügt werden.

Menopause: Die letzte **Periodenblutung**.

Menstruation: siehe **Periode**.

Menstruationszyklus: Im Durchschnitt ein Zeitraum von 28 Tagen, in dem die hormonellen Veränderungen im weiblichen Körper zwischen **Periode**, **Eisprung** und nächster Periode ablaufen.

Missionarsstellung: Ironische Bezeichnung für die häufigste Stellung beim **Geschlechtsverkehr**. Dabei liegt der Mann auf der Frau, und die Gesichter sind einander zugewandt.

Monatsblutung: siehe **Periode**.

Mutterkuchen: siehe **Plazenta**.

Nabelschnur: Eine seilähnliche Blutgefäßverbindung, durch die das Kind mit der **Plazenta** in der **Gebärmutter** verbunden ist.

Nekrophilie: Ein krankhaftes, auf Leichen gerichtetes Sexualverhalten.

69er Stellung: Bei dieser Körperstellung kann jeder der beiden Sexualpartner die Geschlechtsorgane des anderen oral (mit dem Mund) erregen.

Nutte: siehe **Prostituierte**.

Nymphomanie: Krankhaft gesteigerter Geschlechtstrieb bei Frauen.

Ödipuskomplex: Bezeichnung aus der Psychoanalyse für die frühkindliche Beziehung zum gegengeschlechtlichen Elternteil (also Tochter zum Vater oder Sohn zur Mutter), die sich in Eifersuchtsszenen ausdrücken kann.

Oraler Sex: Erregung der Geschlechtsteile mit dem Mund.

Orgasmus: Höhepunkt der sexuellen Lust für Frauen und Männer. Der Orgasmus von Frauen kann durch Erregung des **Kitzlers** und der **Scheide** hervorgerufen werden. Der Orgasmus von Männern zeigt sich als Samenerguß.

Pädophilie: Sexualtrieb von Erwachsenen, der sich auf Kinder richtet.

Pariser: Umgangssprachliche Bezeichnung für **Kondom**.

Penis: siehe **Glied**.

Penisneid: Bezeichnung aus der Psychoanalyse für das frühkindliche Neidgefühl von Mädchen auf das männliche **Glied**. Das Mädchen erkennt nach dieser Theorie, daß der Besitz eines Gliedes mit Macht verbunden ist.

Periode: Monatsblutung bei der Frau, die ungefähr zwei Wochen nach dem **Eisprung** einsetzt. Dabei löst sich die Gebärmutterschleimhaut auf und wird zusammen mit der abgestorbenen **Eizelle** aus dem Körper ausgestoßen. Der Vorgang des Abstoßens der Schleimhaut wird als „Menstruation" bezeichnet. Umgangssprachlich nennt man die Periode oft „die Tage" oder „Regel".

Perversion: Nicht eindeutig zu bestimmendes, meist sexuelles Verhalten, das von der Norm (die sich in sittlichen Geboten oder gängigen Anschauungen zeigen kann) abweicht. Da sexuelle Handlungen einem ständigen Wandel der Beurteilung unterliegen und von Menschen sehr unterschiedlich bewertet werden, kann man ein sogenanntes perverses Verhalten praktisch nicht allgemeingültig definieren. Am ehesten läßt sich sagen, daß das, was zwei oder mehrere erwachsene Menschen freiwillig miteinander tun, für sie nicht pervers ist, auch wenn andere Menschen die gleichen Handlungen als pervers ansehen würden.

Petting: Umgangssprachliche Bezeichnung für sexuelle Berührungen der **erogenen Zonen** und der Geschlechtsorgane, jedoch ohne **Geschlechtsverkehr**.

Phallus: Eigentlich das männliche erigierte (aufgerichtete) **Glied**. Das Wort wird jedoch häufig als Symbol (Zeichen) für Kraft und Fruchtbarkeit verwendet. Ein Gegenstand, der „phallisch" genannt wird, ähnelt einem erigierten Glied.

Platonische Liebe oder Freundschaft: Nicht sinnliche und nicht sexuelle Beziehung zu einer Person, die man aber geistig-seelisch „liebt".

Plazenta: Dieses Organ wird auch „Mutterkuchen" genannt; es überträgt Nahrung und Sauerstoff von der Mutter auf das Kind (in der **Gebärmutter**) und leitet die Abfallprodukte des Kindes zur Mutter.

Pornographie: Bilder, Filme, Schriften oder Lieder, die sexuelle Handlungen darstellen und sexuelle Erregung bezwecken. Wann etwas als Pornographie zu bezeichnen ist, läßt sich nicht immer eindeutig festlegen. Das Strafgesetzbuch vermerkt dazu, daß pornographische Darstellungen aufdringlich vergröbernden, anreißerischen, verzerrenden und unrealistischen Charakter haben, der ohne Sinnzusammenhang mit anderen Lebensäußerungen bleibt.

Präservativ: siehe **Kondom**.

Promiskuität: Bezeichnung für **Geschlechtsverkehr** mit häufig wechselnden Partnern.

Prostituierte: Eine Frau, die Männern gegen Bezahlung sexuelle Dienste leistet. Sie tut das in der Regel nicht auf „eigene Rechnung", sondern unter dem „Schutz" eines Zuhälters, der die Frau finanziell ausnützt und – häufig mit Gewalt und Brutalität – unter Druck hält. Umgangssprachlich werden Prostituierte auch „Huren", „Nutten" oder „Strichmädchen" genannt. Prostituierte, die eigenständig arbeiten, bezeichnet man als **Callgirls**.
Männliche Prostituierte bieten sich für Geld in der Regel **Homosexuellen** an. Sie heißen in der Umgangssprache „Stricher". Es gibt aber auch „Männer für gewisse Stunden", die für Geld mit einer Frau schlafen.

Puff: siehe **Bordell**.

Regel(-blutung): siehe **Periode**.

Sadist: Ein Mensch, der Lust dabei empfindet, anderen Schmerzen und Demütigungen zuzufügen. Sexuelle Handlungen zwischen einem Sadisten und einem Masochisten bezeichnet man als „sadomasochistisch".

Samenzellen: Die männlichen Geschlechtszellen; sie werden auch **Spermien** genannt.

Satyriasis: Ein krankhaft gesteigerter Geschlechtstrieb bei Männern.

Scheide: Teil der weiblichen Geschlechtsorgane, und zwar der elastische Muskelschlauch zwischen Muttermund und Scheidenöffnung.

Sexist: Ein Mensch, der der Meinung ist, daß sich Frauen und Männer aufgrund ihres Geschlechts auf ganz bestimmte Weise verhalten sollten.

Sodomie: Bezeichnung für den **Geschlechtsverkehr** zwischen Mensch und Tier.

Soor: Auch „Candida" genannt, ist eine häufige, ansteckende Erkrankung, die auch die Geschlechtsorgane befällt, ohne daß Geschlechtsverkehr stattgefunden hat. Sie wird durch einen Hefepilz ausgelöst. Zu den Symptomen gehören verstärkter Scheidenausfluß, Jucken und eventuell Schmerzen beim Wasserlassen. Die Behandlung erfolgt mit antimykotischen Zäpfchen (gegen Pilze).

Spanner: siehe **Voyeur**.

Spermien: siehe **Samenzellen**.

Spermienabtötende Creme: Zusätzliches Verhütungsmittel zu **Kondom** oder **Diaphragma**. Der Fachausdruck lautet „Spermizid". Es gibt auch Spermizide auf pflanzlicher Basis.

Spirale: Hilfsmittel zur **Empfängnisverhütung**. Es besteht aus einem gebogenen Kunststoffteil mit einer Kupferbeschichtung, das vom Arzt in die **Gebärmutter** eingesetzt wird und dort die Einnistung einer befruchteten **Eizelle** verhindern soll.

Sterilisation: Nicht mehr rückgängig zu machende Art der **Empfängnisverhütung**, die sowohl beim Mann als auch bei der Frau angewandt werden kann. Beim Mann werden die Samenleiter durchtrennt und abgebunden. So können keine **Samenzellen** in das **Glied** gelangen. Bei der Frau werden die Eileiter unterbunden. Dadurch können die **Eizellen** nicht „wandern".

Sterilität: siehe **Unfruchtbarkeit.**

Stricher/Strichmädchen: siehe **Prostituierte**.

Syphilis: Eine sehr schwere, ansteckende Geschlechtskrankheit, die heute meist mit Hilfe von Antibiotika geheilt werden kann, wenn sie rechtzeitig erkannt wird. Früher führte Syphilis (umgangssprachlich auch als „Syph" bezeichnet) zu Geisteskrankheit und unausweichlich zum Tod.

Tage: siehe **Periode**.

Transsexueller: Ein Mensch, der sich mit seiner eigenen Geschlechtsrolle nicht zurechtfindet, sondern sein Geschlecht wechseln möchte oder schon gewechselt hat.

Transvestit: Ein Mensch, der Kleider des anderen Geschlechts trägt.

Tripper: siehe **Gonorrhöe**.

Unfruchtbarkeit: Die Unfähigkeit, schwanger zu werden oder Kinder zu zeugen.

Uterus: siehe **Gebärmutter**.

Vagina: siehe **Scheide**.

Vergewaltigung: Bezeichnung für **Geschlechtsverkehr**, zu dem eine Frau unter Anwendung von Gewalt gezwungen wird.

Voyeur: Ein Mensch, der sexuelle Lust und Befriedigung empfindet, wenn er andere Menschen beim Ausziehen oder beim Liebesspiel beobachten kann.

Zwitter: Ein Mensch, der sowohl weibliche als auch männliche Geschlechtsorgane hat.

Ein Baby kommt zur Welt

Inhalt

Ein neuer Mensch wächst heran

In diesem Teil des Buches wird geschildert, wie ein neuer Mensch zur Welt kommt. Es geht hier also um die Entstehung des menschlichen Lebens, um Schwangerschaft und Geburt und um die ersten Lebensmonate eines Kindes. Außerdem werden die wesentlichen Entwicklungsphasen eines Kindes von der Geburt bis zum Alter von zwei Jahren behandelt. Du bekommst viele brauchbare Vorschläge, wie du mithelfen kannst, ein kleines Kind zu versorgen. Tips für Babysitter, vor allem über den sicheren Umgang mit Babys und Kleinkindern, findest du auf den Seiten 93 und 94.

Ein Kind im Mutterleib wird im Text mit dem Fachbegriff *Embryo* bezeichnet. Man unterscheidet darüber hinaus noch zwischen Embryo und *Fetus* oder Fötus.

Ein Embryo ist die Leibesfrucht bis zum Ende des dritten Schwangerschaftsmonats, danach nennt man sie Fetus. Diese fachsprachlich korrekte Unterscheidung macht der Text nur, wenn eindeutig ist, in welchem Entwicklungsstadium sich das heranwachsende Kind befindet. Sonst werden die Wörter Embryo oder Kind verwendet.

Dieser Teil des Buches wird vor allem dann für dich interessant sein, wenn jemand in deiner Bekanntschaft oder Verwandtschaft ein Kind erwartet oder wenn du einen Beruf ergreifen möchtest, in dem du mit Müttern während der Schwangerschaft oder mit Kleinkindern nach der Geburt zu tun haben wirst.

Die Farben, die in diesem Buch zur Veranschaulichung von Vorgängen im Körperinneren verwendet werden, sind nicht naturgetreu. Auch in ihrer Größe entsprechen die Abbildungen nicht immer der Wirklichkeit. Wo die tatsächliche Größe wichtig ist, findest du entsprechende Zahlenangaben.

Die meisten Fachausdrücke werden bereits an der Stelle erklärt, an der sie erstmals auftreten. Wenn du aber trotzdem auf ein Wort triffst, das dir unverständlich oder dessen Bedeutung dir nicht klar ist, findest du vielleicht im Glossar auf Seite 95/96 eine Erklärung dafür.

Selbst in dem Augenblick, in dem ein zukünftiger Mensch nur die Größe eines Punktes hat, ist er bereits ein einmaliges, unwiederholbares Lebewesen. Deshalb entwickelt sich jedes Kind grundsätzlich anders als alle anderen Kinder. Wenn im folgenden allgemeine Gesetzmäßigkeiten aufgeführt werden, so beziehen sie sich auf ein „Durchschnittskind": also auf Durchschnittsgewicht und Durchschnittsgröße in einem bestimmten Alter; auf den Zeitraum, den ein Kind durchschnittlich schläft; auf das Alter, in dem ein Durchschnittskind gewisse Fertigkeiten erlernt. Natürlich sind auch all die Kinder völlig normal, die erheblich von diesen Durchschnittswerten abweichen, denn kein Kind entspricht den durchschnittlichen Werten in jeder Hinsicht. Als Richtlinien über die Entwicklung eines Kindes können diese Werte dir nützlich sein.

Wie ein Kind entsteht

Jeder Mensch besteht aus Millionen und Abermillionen von einzelnen lebenden Einheiten, den *Zellen*. Ein neues Lebewesen entsteht aus der Vereinigung von nur zwei solcher winzigen Zellen – einer Ei- und einer Samenzelle. Die Eizellen stammen aus dem Körper der Mutter, die Samenzellen aus dem Körper des Vaters. Wenn eine Eizelle und eine Samenzelle aufeinander-treffen und zu einer neuen Zelle verschmelzen, entsteht ein Kind. Der Vorgang dieser Ver-schmelzung heißt *Empfängnis* oder *Befruchtung*.

Eizellen

1

In den *Eierstöcken* eines neugeborenen Mädchens lagern schon etwa 400 000 *Eizellen* bei der Geburt. Während der Pubertät reift jeden Monat eine Eizelle in einem ihrer beiden Eierstöcke heran und wird von diesem schließlich ausgestoßen. Diesen Vorgang nennt man *Eisprung*.

2

Die Eizelle wird von einem der *Eileiter* aufgenom-men und zur *Gebärmutter* transportiert. Trifft sie auf diesem Weg durch den *Eileiter* (Tube) auf eine *Samenzelle*, kann es anschließend zu einer Verschmelzung von Ei- und Samenzelle kommen, das heißt zur *Befruchtung*.

3

Die Gebärmutter ist ein von Muskeln umgebener Hohlraum, dessen Innenwände mit einer dicken, weichen Schleimhaut ausgekleidet sind, und die von Blutgefäßen durchzogen ist. In dieser *Gebär-mutterschleimhaut* nistet sich eine befruchtete Eizelle ein und beginnt zu wachsen.

4

Ist das Ei nicht befruchtet worden, stirbt es ab und wird mit der aufgelösten Gebär-mutterschleimhaut durch die Scheide – so heißt der elastische Kanal, der von der Gebärmutter aus dem Körper herausführt – nach außen geschwemmt.

Eizelle

Eierstöcke: Darin befinden sich die Eizellen.

Gebärmutter

Eileiter: Dort fin-det die Befruch-tung statt.

Scheide oder Vagina

Samenzellen

Samenzellen oder Spermien sind winzige, kaul-quappenähnliche Zellen, die in den Hoden des Mannes erzeugt werden. Sie werden in so gro-ßen Mengen hergestellt, daß pro Tag mindestens etwa 200 Millionen Samenzellen heranreifen. Die *Hoden* hängen außerhalb des Körpers in einem lockeren Hautbeutel, dem *Hodensack*. Mitten durch den *Penis* (Glied) verläuft die Harn-röhre von der Blase bis zur Harnröhrenöffnung an der Spitze des Glieds; darin fließt der Urin. Über die *Samenleiter* sind auch die Hoden mit dem Harnleiter verbunden.

Blase

Penis oder Glied

Samen-leiter

Hodensack

Hoden

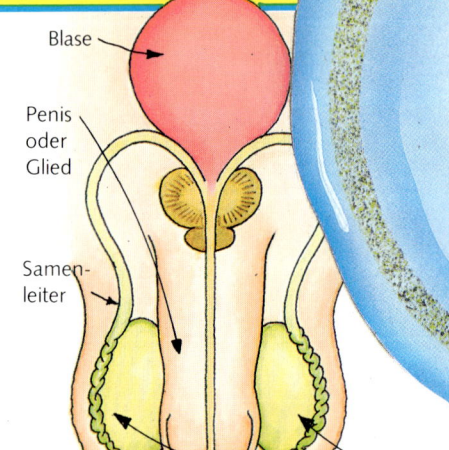

Der Weg der Samenzellen

1

Wenn ein Mann und eine Frau miteinander *Geschlechtsverkehr* haben, dann wird das Glied des Mannes in die Scheide der Frau eingeführt. Beim *Samenerguß* (dem Orgasmus des Mannes) werden die Samenzellen aus den Hoden durch die Samenleiter in den Penis gepreßt.

2

Unterwegs vermischen sich die Samenzellen mit Flüssigkeiten aus Drüsen zur *Samenflüssigkeit*. Während des Orgasmus ergießt sich der Samen aus dem Glied in die Scheide der Frau. Den Samenerguß nennt man auch *Ejakulation*.

3

Von der Scheide schwimmen die Samenzellen durch die Gebärmutter in die beiden Eileiter. Ein Samenerguß enthält etwa 200 000 bis 300 000 Samenzellen, aber nur etwa 1 000 davon gelangen bis in die Eileiter, die restlichen Spermien sterben vorher ab.

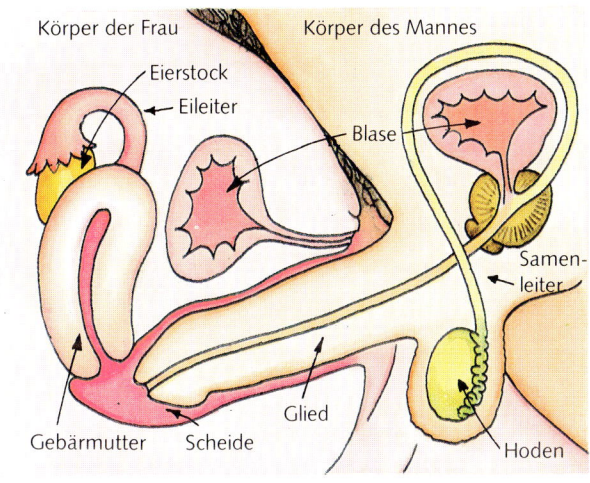

Körper der Frau — Eierstock — Eileiter — Blase — Körper des Mannes — Samen-leiter — Gebärmutter — Scheide — Glied — Hoden

4 Treffen die Samenzellen in einem Eileiter auf eine Eizelle, so scharen sie sich um diese Zelle und versuchen, ihre Außenhaut zu durchstoßen und in sie einzudringen. Sobald einer Samenzelle der „Durchbruch" gelungen ist, verschmilzt sie mit der Eizelle zu einer neuen Zelle, der *Zygote*.

Eine Samenzelle dringt in die Eizelle ein.

Wie eine Zelle heranwächst

◀ Die neue Zelle, die aus der Verschmelzung von Ei- und Samenzelle entstanden ist, teilt sich in zwei völlig gleiche Zellen mit je einem Zellkern. Diese zwei Zellen teilen sich wiederum, so daß vier Zellen entstehen, dann acht, dann sechzehn und so weiter, bis ein *Zellhaufen* entstanden ist.

Der Zellhaufen ordnet sich ▶ zur *Zellkugel*. Diese wandert vom Eileiter in die Gebärmutter, wo sie sich sieben bis zehn Tage nach der Befruchtung in der Schleimhaut einnistet. Mit diesem Vorgang beginnt die Schwangerschaft der Frau.

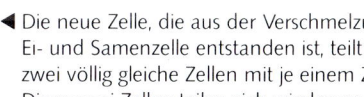
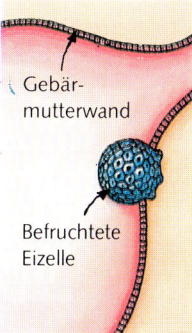

Gebärmutterwand

Befruchtete Eizelle

P e r i o d e	
1	
2	
3	
4	
5	
6	
7	
8	
9	
10	
11	
12	
13	
14	
15	
16	
17	
18	
19	
20	
21	
22	
23	
24	
25	
26	
27	
28	
29	P e r i o d e
30	
31	
32	
33	
34	

◀ 1

Durchschnittlich dauert eine Periode vier bis fünf Tage.

Eine Samenzelle, die innerhalb dieses Zeitraums in die Gebärmutter eindringt, hat die Möglichkeit, eine Eizelle zu befruchten. Man spricht deshalb von den „fruchtbaren" Tagen.

Eine Eizelle verläßt den Eierstock (Eisprung).

Die Eizelle wandert durch den Eileiter.

Nach dem Eisprung wird die Gebärmutterschleimhaut dicker und weicher, so daß sich darin eine befruchtete Eizelle einnisten kann.

Die befruchtete Eizelle nistet sich etwa sieben bis zehn Tage nach der Befruchtung in der Gebärmutterschleimhaut ein.

Ist die Eizelle nicht befruchtet, beginnt sich die Gebärmutterschleimhaut aufzulösen.

Hat sich die Eizelle in der Gebärmutterschleimhaut eingenistet, ist die Frau schwanger und hat bis nach der Geburt des Kindes keine Periode mehr.

Zwei Wochen nach dem Eisprung wird die Gebärmutterschleimhaut während der Periodenblutung zusammen mit dem Blut aus der Gebärmutter abgestoßen.

Wann kann eine Frau schwanger werden?

Damit eine Frau schwanger werden kann, muß eine Samenzelle auf ihrem Weg durch den Eileiter auf eine Eizelle treffen. Normalerweise wird jeden Monat eine reife Eizelle gebildet. Der Eisprung findet dann etwa zwei Wochen vor Beginn der Periodenblutung statt. Die Eizelle braucht etwa einen Tag für ihren Weg vom Eierstock durch den Eileiter in die Gebärmutter.
Die Samenzellen können in der Gebärmutter etwa drei Tage lang leben. Wir kommen also auf vier „fruchtbare" Tage im Monat (drei Tage vor dem Eisprung und einer danach), an denen eine Frau schwanger werden kann, wenn sie ohne Verhütungsmaßnahmen Geschlechtsverkehr hat.
Leider ist ein Verzicht auf Geschlechtsverkehr während der „fruchtbaren" Tage im Monat keine zuverlässige Methode zur Verhütung einer Schwangerschaft. Der Eisprung und damit die fruchtbaren Tage lassen sich nämlich nur schwer vorausbestimmen (siehe Seite 32). Sogar bei Frauen mit einem regelmäßigen Zyklus von 28 Tagen (siehe Seite 20/21) kann sich der Zeitpunkt des Eisprungs verschieben. Im Grunde genommen kann also ein Kind zu jedem Zeitpunkt des *Menstruationszyklus* empfangen werden!

Eisprung, einmal im Monat — Wechseljahre — Kein Eisprung mehr
Pubertät — Alter

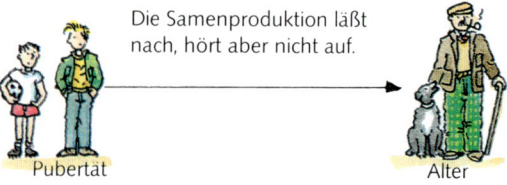

Die Samenproduktion läßt nach, hört aber nicht auf.
Pubertät — Alter

2 ▲

Wenn bei einem Mädchen der erste Eisprung stattfindet und bei einem Jungen die ersten Samenzellen entstehen, spricht man von *Geschlechtsreife*. Mädchen erreichen sie durchschnittlich mit etwa elf Jahren, Jungen mit etwa dreizehn Jahren.
Die Samenproduktion erfolgt beim Mann nicht in einem monatlichen Rhythmus, sondern stetig das ganze Leben lang, wobei sie im Alter allerdings nachläßt. Bei Frauen werden nach einer mehrjährigen Übergangszeit, den *Wechseljahren*, zwischen dem 45. und 55. Lebensjahr, die Periodenblutungen unregelmäßig und hören schließlich ganz auf.

54

Die ersten Anzeichen für eine Schwangerschaft

Sobald sich eine befruchtete Eizelle in der Gebärmutter eingenistet hat, finden Veränderungen im Körper statt, die auf eine Schwangerschaft hinweisen. Hier sind einige der ersten, fühlbaren Veränderungen aufgezählt:

1 Die Periode bleibt aus

Während einer Schwangerschaft haben Frauen keine Monatsblutung. Das ist oft das erste Anzeichen einer Schwangerschaft.

2 Übelkeit

Plötzlich auftretende Übelkeit, häufig am Morgen in nüchternem Zustand.

3 Veränderungen der Brust

Die Brüste schwellen an und werden schwerer, und die Brustwarzen „kribbeln" manchmal.

4 Häufiger Harndrang

Vor allem nachts macht sich das häufige Bedürfnis, Wasser zu lassen, störend bemerkbar.

5 Veränderungen im Geschmack

Einige Frauen verspüren einen faden Geschmack im Mund; manche bekommen Heißhunger auf bestimmte Sachen, andere haben gar keinen Appetit.

6 Müdigkeit

Auffallende Müdigkeit, Übellaunigkeit oder Niedergeschlagenheit können allesamt frühe Zeichen einer Schwangerschaft sein.

Auf Seite 60/61 werden die Ursachen für diese Veränderungen erklärt. Eine Frau kann aber erst dann sicher sein, daß sie schwanger ist, wenn ein Schwangerschaftstest posiitv ausgefallen ist oder ein Arzt die Schwangerschaft bestätigt hat.

Schwangerschaftstest

Außer einen Schwangerschaftstest vom Arzt durchführen zu lassen, kann eine Frau in der Apotheke einen Schwangerschaftstest kaufen und ihn zu Hause selbst machen. Die Teststoffe machen im Urin der Frau Substanzen sichtbar, die nur während der Schwangerschaft erzeugt werden. Dieser Test kann wenige Tage nach Ausbleiben der erwarteten Periodenblutung angewendet werden.

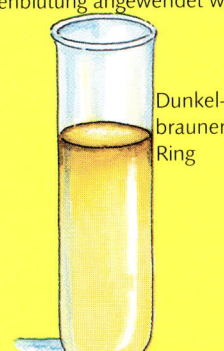
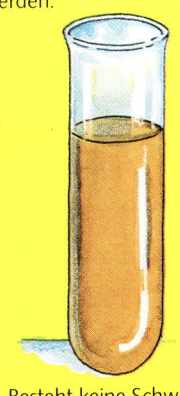

Dunkelbrauner Ring

Bei einem der verschiedenen Tests setzen sich im Fall einer Schwangerschaft die chemischen Stoffe in Form eines dunkelbraunen Rings am Glas ab.

Besteht keine Schwangerschaft, wird der Inhalt des Reagenzglases nach dem Zusatz der chemischen Stoffe hellbraun.

Woran der Arzt eine Schwangerschaft erkennt

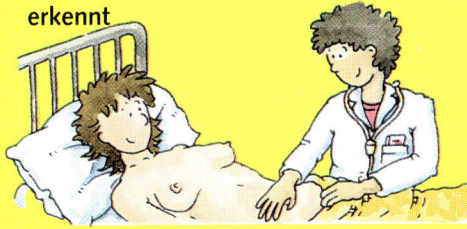

Der Arzt kann eine Schwangerschaft gewöhnlich an der Vergrößerung der Gebärmutter feststellen. Darüber hinaus wird er mit Hilfe von chemischen Stoffen eine Urinprobe untersuchen.

Scheinschwangerschaft

Es kommt vor, daß eine Frau sich eine Schwangerschaft so fest einbildet, daß sie alle körperlichen Anzeichen einer Schwangerschaft zeigt wie das Ausbleiben der Monatsblutung, Brustveränderung, Bauchvergrößerung und Morgenübelkeit. In diesem Fall spricht man von einer eingebildeten Schwangerschaft oder Scheinschwangerschaft.

Wie sich ein Kind im Mutterleib entwickelt

Ein Kind wächst sehr schnell im Mutterleib heran. Während der ersten zehn Wochen nach der Empfängnis entwickelt sich das Kind bereits von einer einzelnen Zelle zu einem Wesen mit eindeutig menschlichen Zügen. Aus der einen Zelle werden bis zum Zeitpunkt der Geburt etwa zwei Billionen Zellen. Während der ersten zwölf Wochen bezeichnet man das heranwachsende Kind als *Embryo*, danach als *Fetus* (oder Fötus).

Wann ist die Geburt?

Im Normalfall wächst ein Kind im Mutterleib etwa 38 Wochen heran, bis es geboren wird. Da der genaue Zeitpunkt des Eisprungs und damit der Befruchtung aber selten bekannt ist, datiert man den Beginn einer Schwangerschaft auf den ersten Tag der letzten Periode zurück, so daß die Schwangerschaft etwa 40 Wochen (zehn Schwangerschaftsmonate) dauert. Das entspricht, grob gerechnet, neun Kalendermonaten zuzüglich einer Woche. Ärzte und Hebammen verwenden zur Berechnung des Geburtstermins eine Scheibe oder Tabelle, das *Gravidarium*.

Januar OKTOBER
Februar NOVEMBER
März DEZEMBER
April JANUAR
Mai FEBRUAR

1 2 3 4 5 6 7 8 9
8 9 10 11 12 13 14 15 16 17
1 2 3 4 5 6 7 8 9 10
8 9 10 11 12 13 14 15 16 17
1 2 3 4 5 6 7 8 9 10
8 9 10 11 12 13 14 15
4 5 6 7 8 9 1
9 10 11 12 13 14 1
5 6 7 8 9 1
9 10 11 12 13

Erster Tag der letzten Periode

Voraussichtlicher Geburtstermin

Die ersten drei Monate

0	1. Woche	2. Woche	3. Woche	4. Woche	5. Woche
1. Tag der letzten Periode		Die Eizelle wird befruchtet.	Die Eizelle nistet sich ein.	Die Periode bleibt aus.	Der Embryo ist erkennbar.

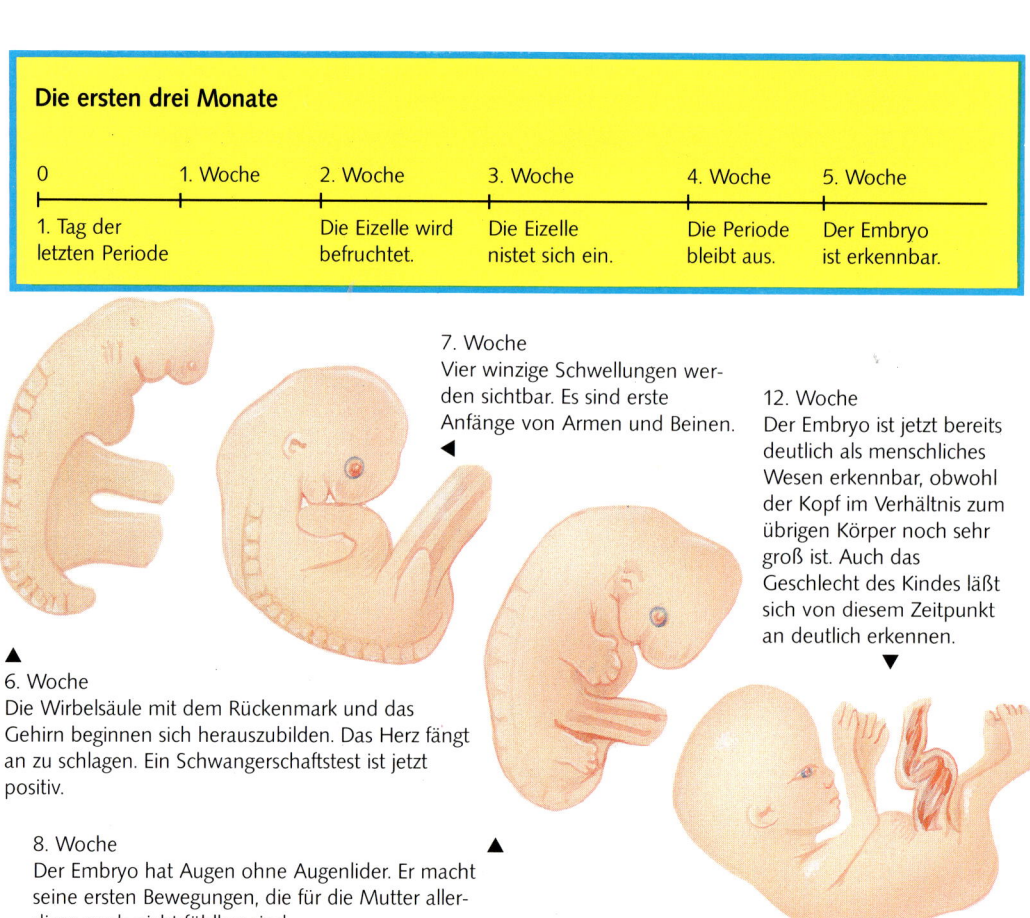

7. Woche
Vier winzige Schwellungen werden sichtbar. Es sind erste Anfänge von Armen und Beinen. ◄

12. Woche
Der Embryo ist jetzt bereits deutlich als menschliches Wesen erkennbar, obwohl der Kopf im Verhältnis zum übrigen Körper noch sehr groß ist. Auch das Geschlecht des Kindes läßt sich von diesem Zeitpunkt an deutlich erkennen. ▼

▲
6. Woche
Die Wirbelsäule mit dem Rückenmark und das Gehirn beginnen sich herauszubilden. Das Herz fängt an zu schlagen. Ein Schwangerschaftstest ist jetzt positiv.

8. Woche ▲
Der Embryo hat Augen ohne Augenlider. Er macht seine ersten Bewegungen, die für die Mutter allerdings noch nicht fühlbar sind.

Das Versorgungssystem des Kindes

Wie jeder Mensch braucht auch das Kind im Mutterleib Nahrung und Sauerstoff zum Leben; auch die Abfallprodukte müssen abgeleitet werden. Vor der Geburt nimmt das Kind diese Funktionen noch nicht selbst wahr: Es erhält seine Versorgung, Nahrung und Sauerstoff, aus dem Blutkreislauf der Mutter. Ebenso werden die Abfallstoffe in den Blutkreislauf der Mutter zurückgeführt. Dieser Austausch von Nahrungs- und Abfallstoffen geschieht über die *Plazenta* (Mutterkuchen).

Wenn der Embryo an der Gebärmutterschleimhaut anliegt, löst er einige der ihn umgebenden Schleimhautzellen auf. Dadurch entsteht allmählich eine Art Mulde in der Schleimhaut, in der sich der Embryo einnisten kann. Zunächst wird er direkt aus dem Blut der Schleimhaut ernährt, entwickelt dann aber immer mehr eigene Blutgefäße; diese verbinden sich mit dem Adernetz der Schleimhaut, und beide Systeme zusammen bilden schließlich die Plazenta. Bei einem zehn Wochen alten Embryo ist die Plazenta bereits voll entwickelt.

Die Blutgefäße von Mutter und Kind verwachsen nicht richtig miteinander. Das bedeutet auch, daß der Embryo eine andere Blutgruppe als die Mutter haben kann. Die Blutgefäße bleiben durch eine dünne Zellschicht voneinander getrennt. Diese Schicht wirkt wie ein Sieb, das manche Schadstoffe aus dem Blut der Mutter nicht bis zum Kind durchläßt.

Das Kind hängt mit seiner *Nabelschnur* an der Plazenta. Nahrung und Sauerstoff gelangen auf diesem Weg über das Blut in den Körper des Kindes. Dort werden sie abgegeben. Gleichzeitig werden Abfallprodukte aufgenommen und durch Nabelschnur und Plazenta in das Blut der Mutter geleitet.

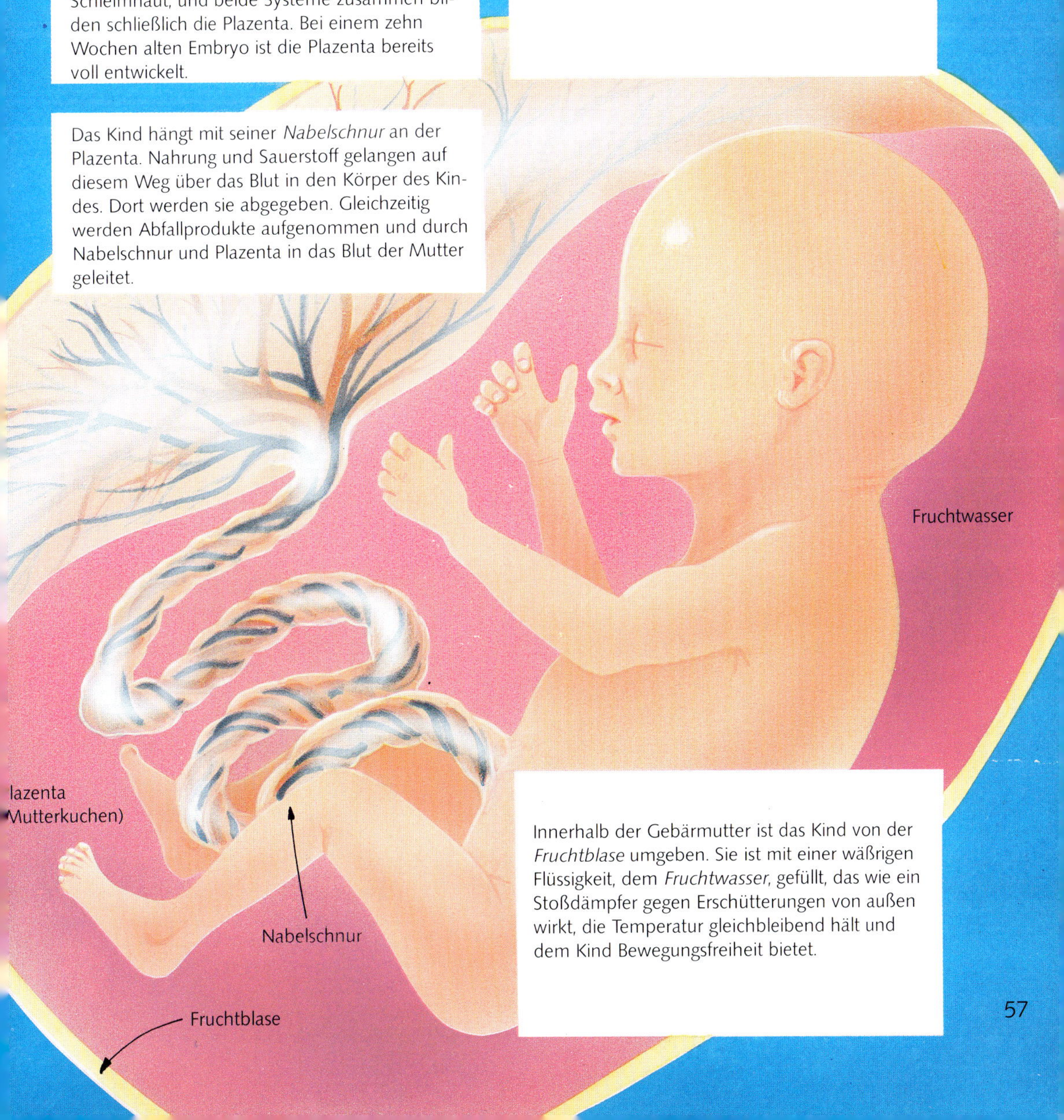

Fruchtwasser

lazenta
Mutterkuchen)

Nabelschnur

Fruchtblase

Innerhalb der Gebärmutter ist das Kind von der *Fruchtblase* umgeben. Sie ist mit einer wäßrigen Flüssigkeit, dem *Fruchtwasser*, gefüllt, das wie ein Stoßdämpfer gegen Erschütterungen von außen wirkt, die Temperatur gleichbleibend hält und dem Kind Bewegungsfreiheit bietet.

57

16 Wochen (4 Monate) *

Die Gebärmutter ist inzwischen ganz vom Kind, der Plazenta und dem Fruchtwasser ausgefüllt und wird nun zusammen mit dem Kind größer. Der Fetus ist in der Lage, zu schlucken und Wasser zu lassen. Er hat Finger- und Zehennägel. Die Haut ist hellrot und durchsichtig.

20 Wochen (5 Monate)

Dem Fetus beginnen Haare, Augenbrauen und Augenwimpern zu wachsen. Die Augen sind noch fest geschlossen, und der ganze Körper ist mit einer feinen Flaumschicht bedeckt, der *Lanugo-Behaarung*. Die Haut ist nicht mehr so durchsichtig, dafür aber runzelig.

Größe des Kindes:
ungefähr 16 cm

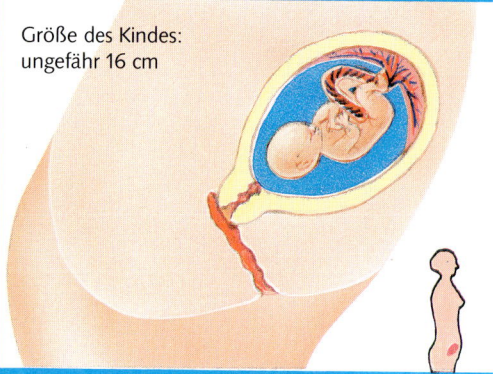

Größe des Kindes:
ungefähr 25 cm

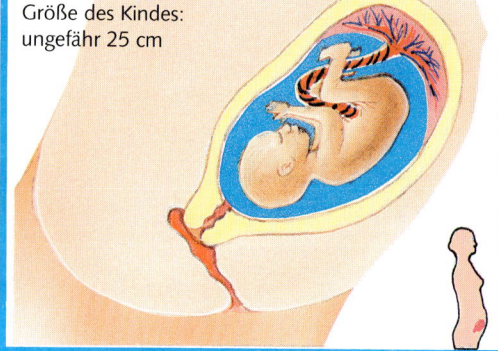

Der Bauch der Mutter wird sichtbar, die Kleider werden zu eng. Die Phase der morgendlichen Übelkeit ist vorüber.

Irgendwann zwischen der 18. und 22. Woche spürt die Mutter die ersten Bewegungen des Kindes, wenn es mit Armen und Beinen strampelt.

24 Wochen (6 Monate)

Der Fetus hat inzwischen eindeutige Schlaf- und Wachzeiten. Man nimmt an, daß er neben dem gewohnten Geräusch des mütterlichen Herzschlags und Blutkreislaufs auch Musik, Stimmen und andere Laute von außen wahrnehmen kann. Die Haut ist noch dünn und runzelig.

28 Wochen (7 Monate)

Bei einer verfrühten Geburt hätte das Kind von jetzt ab eine gute Überlebenschance. Seine Lungen sind allerdings noch nicht voll entwickelt, und es müßte deshalb nach der Geburt noch in einen Brutkasten gelegt werden. Die Haut ist jetzt mit einer dicken weißen Fettschicht, der sogenannten *Käseschmiere* bedeckt, damit sich die Haut nicht voll Wasser saugt. Die Verklebungen der Augenlider lösen sich auf.

Größe des Kindes:
ungefähr 30 cm

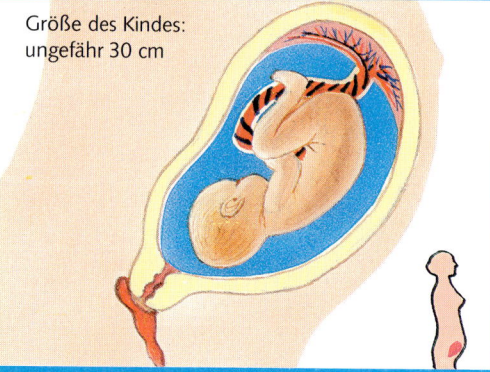
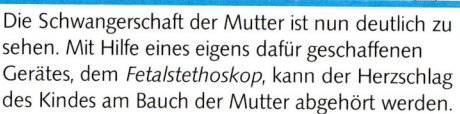

Größe des Kindes:
ungefähr 35 cm

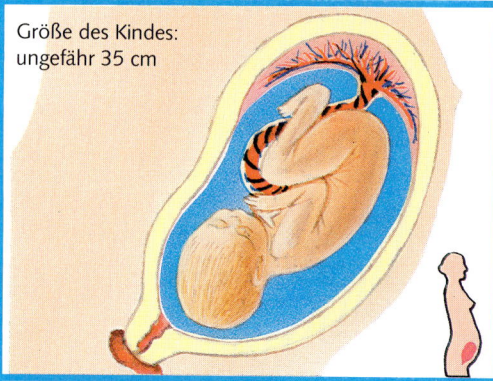

Die Schwangerschaft der Mutter ist nun deutlich zu sehen. Mit Hilfe eines eigens dafür geschaffenen Gerätes, dem *Fetalstethoskop*, kann der Herzschlag des Kindes am Bauch der Mutter abgehört werden.

Das Kind schlägt jetzt fest mit Armen und Beinen aus, und ist gut zu fühlen, wenn man eine Hand auf den Bauch der Mutter legt. Sogar ein Schluckauf des Kindes kann so kräftig sein, daß die Mutter ihn spürt.

* Vom ersten Tag der letzten Periode an gerechnet.

32 Wochen (8 Monate)

Das Kind setzt das erste Fett an und sieht weniger runzelig aus. Die Lungen entwickeln sich und bereiten sich auf ihre Aufgabe, nämlich auf das Atemholen, vor. Manche Kinder üben bereits das Saugen und lutschen schon im Mutterleib am Daumen.

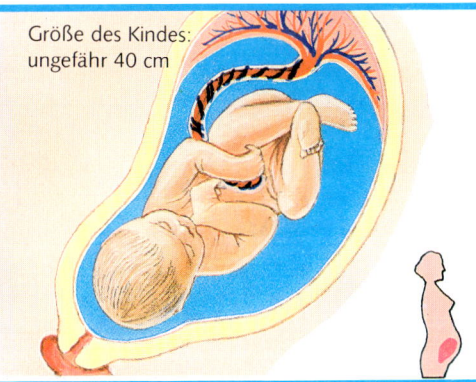

Größe des Kindes:
ungefähr 40 cm

Manche Mütter lehnen sich nun häufig zurück, um ein Gegengewicht gegen das Gewicht des Kindes zu schaffen. Sie gehen auch oft mit leicht gespreizten Beinen, um das Gleichgewicht besser halten zu können.

36 Wochen (9 Monate)

Wenn alles normal verläuft, hat das Kind nun seine endgültige Lage in der Gebärmutter gefunden, und zwar mit dem Kopf nach unten. Es nimmt weiter zu und kann keinen Purzelbaum mehr schlagen, weil es die Gebärmutter fast ausfüllt, die sich ihrerseits nicht mehr vergrößern kann.

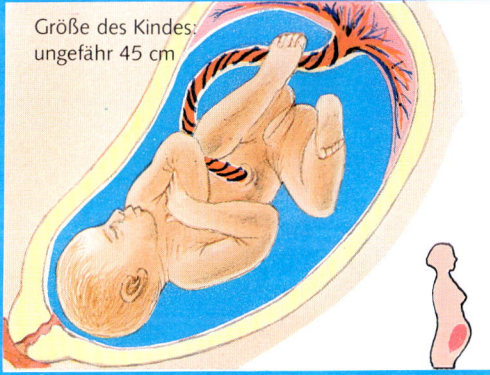

Größe des Kindes:
ungefähr 45 cm

Wenn das Kind jetzt strampelt, bewegt sich mitunter der Bauch der Mutter mit, und manchmal läßt sich sogar erraten, ob es eine Hand oder ein Fuß ist, die von innen dagegen schlägt.

40 Wochen (10 Monate)

Irgendwann nach der 36. Woche rutscht der Kopf des Kindes in das Becken der Mutter. Das Kind macht sich zur Geburt fertig, oder, wie man in der Fachsprache sagt, es *nimmt Beziehung zum Becken auf*.

Größe des Kindes:
ungefähr 50 cm

Becken

Manche Mütter empfinden ein Gefühl der Erleichterung, wenn das Kind Beziehung aufgenommen hat, weil ihre übrigen inneren Organe jetzt wieder mehr Platz haben und nicht mehr so gequetscht werden.

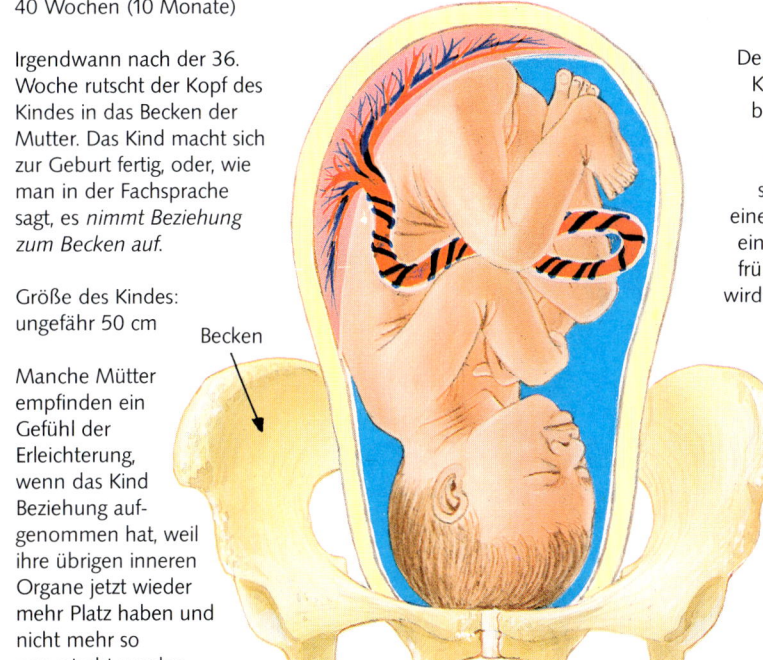

Den Zeitpunkt, an dem das Kind zur Geburt bereit ist, bezeichnet man als *Reifetermin*. Dabei sind 40 Wochen nur ein durchschnittlicher Zeitraum für eine Schwangerschaft. Auch ein Kind, das zwei Wochen früher oder später geboren wird, kommt noch ganz normal zur Welt.

Inzwischen ist die Lanugo-Behaarung des Körpers ganz zurückgegangen, außer vielleicht auf den Schultern. Manche Kinder sind aber noch mit der Käseschmiere bedeckt.

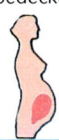

Was sich im Körper der Mutter verändert

In der Schwangerschaft erfährt der Körper eine ganze Reihe von Veränderungen, die für das Wachstum des Kindes und für dessen Geburt nötig sind. Sie werden durch chemische Stoffe, die Hormone ausgelöst, die durch das Blut im ganzen Körper verteilt werden.

Die wichtigsten Schwangerschaftshormone sind das Progesteron und das Plazentahormon. Beide Hormone sind zwar auch sonst im Körper jeder Frau vorhanden, werden aber während der Schwangerschaft in weit größeren Mengen produziert, jedoch nicht mehr in den Eierstöcken wie sonst, sondern ab dem 4. Schwangerschaftsmonat in der Plazenta.

Die Gebärmutter

Eine der augenfälligsten Veränderungen während der Schwangerschaft ist die Ausdehnung der Gebärmutter. Sie besteht aus einem weichen Muskelgewebe, das durch die verstärkte Produktion von Progesteron noch dehnbarer wird. Je mehr das Kind wächst, desto mehr dehnen sich die Muskeln und damit die ganze Gebärmutter. Die Abbildung rechts zeigt die Größe der Gebärmutter während verschiedener Stufen der Schwangerschaft.

Vor der Schwangerschaft: etwa so groß wie eine kleine Birne.

Die Brüste

Auch die Brüste werden durch die Schwangerschaftshormone verändert: Sie werden auf ihre Aufgabe als „Milchproduzenten" vorbereitet und vergrößern sich beträchtlich. Sie sondern zunächst noch keine Milch ab, sondern den Stoff Kolostrum; das ist die *Vormilch*. Die Milchproduktion beginnt erst etwa zwei bis drei Tage nach der Geburt des Kindes (siehe Seite 34/35).

Das Becken

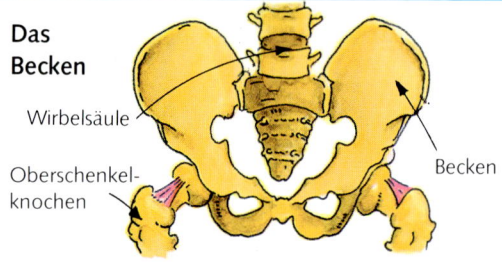

Wirbelsäule

Oberschenkel-knochen

Becken

Das Becken ist ein flacher Knochenring, der die Oberschenkelgelenke mit dem untersten Teil der Wirbelsäule verbindet. Es besteht aus drei Knochen, die miteinander durch Bänder verbunden sind. Bei der Geburt wird das Kind durch den unteren Teil des Beckens hindurchgepreßt. Das Progesteron wirkt auch hier ein, so daß die Bänder elastischer werden und das Becken sich für den Geburtsvorgang dehnen kann.

Lästige Nebenwirkungen

Es gibt durchaus Frauen, die sich während der ganzen Schwangerschaft wohl fühlen, aber die meisten leiden doch zu irgendeinem Zeitpunkt ihrer Schwangerschaft an mindestens einer der hier aufgeführten Beschwerden. Die Ursachen für diese Beschwerden sind in erster Linie in der verstärkten Hormonproduktion und in der Ausdehnung der Gebärmutter zu suchen. Sie drückt auf die übrigen Organe, so daß die Gewichtsverteilung im Körper nicht mehr ausgewogen ist.

Atemnot

Geschwollene Knöchel, Füße und Hände

Gleichgewichtsstörungen

Harndrang

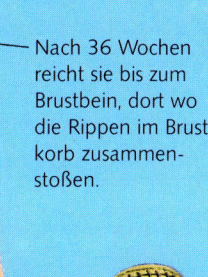

Nach 36 Wochen reicht sie bis zum Brustbein, dort wo die Rippen im Brustkorb zusammenstoßen.

Nach 22 Wochen hat sie etwa die Größe eines Rugbyballs.

Nach 12 Wochen hat sie etwa die Größe einer Pampelmuse.

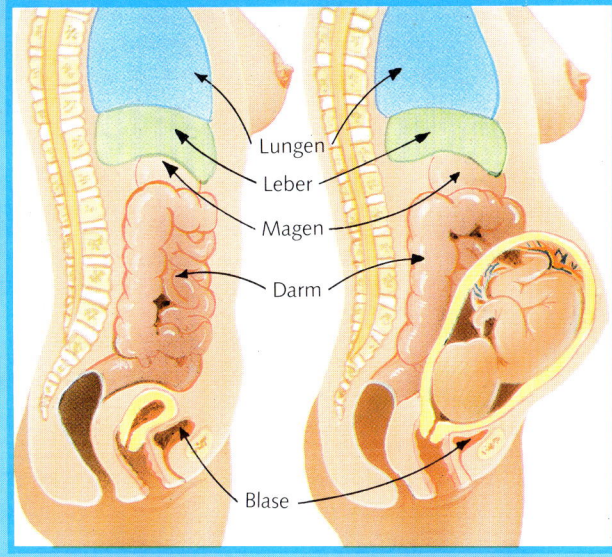

Lungen
Leber
Magen
Darm
Blase

Auf dieser Abbildung wird dargestellt, wie die inneren Organe durch das Wachsen der Gebärmutter an Platz verlieren und zusammengedrückt werden.

Die Haut

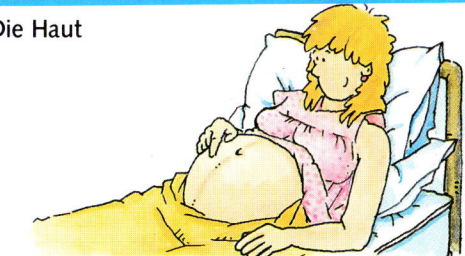

Manche Frauen leiden während der Schwangerschaft unter Hitzewallungen. Ursache dafür ist die erhöhte Blutmenge, die durch die Blutgefäße der Haut transportiert werden. Bei anderen Frauen wiederum färben sich Muttermale, Sommersprossen und der Hof um die Brustwarzen dunkler. In der Mitte des Unterleibs erscheint ein dunkler Streifen, die *Linea nigra*. Manchmal treten auch im Gesicht dunkle Pigmentflecken auf, die fast immer nach der Schwangerschaft wieder verschwinden.

Das Blut

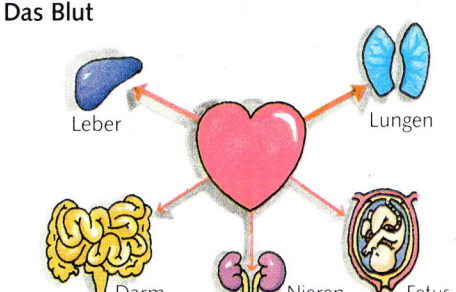

Leber
Lungen
Darm
Nieren
Fetus

Während der Schwangerschaft wird beträchtlich mehr Blut namlich bis zu 50 Prozent mehr durch den ganzen Körper gepumpt. Dadurch wird sowohl die Versorgung des Kindes als auch die der übrigen Organe der Mutter sichergestellt, die alle durch die allgemeine Belastung mehr zu tun haben. Auch das Herz als Blutpumpe muß in der Schwangerschaft viel mehr leisten.

Juckreiz
Krämpfe
Lebhafte Träume
Nasenbluten
Rückenschmerzen
Schlaflosigkeit
Schwächeanfälle

Schwangerschaftsstreifen (rosa oder blaue Dehnungsstreifen der Haut)
Sodbrennen
Stimmungsschwankungen („Hochs", „Tiefs" oder rascher Stimmungswechsel)
Übelkeit
Unkonzentriertheit
Vergeßlichkeit
Verstopfung

Vorsicht und Rücksicht während der Schwangerschaft

Eine Schwangerschaft ist ein natürlicher Vorgang. Die meisten Frauen fühlen sich körperlich wohl dabei und brauchen sich nicht wesentlich anders zu verhalten als sonst auch. Trotzdem sollten sie daran denken, daß ihr Körper einer besonderen Belastung ausgesetzt ist. Sie sollten sich deshalb auch schonen und z. B. nichts Schweres tragen. Mutter und Kind sind in ihrer Gesundheit während der ganzen Schwangerschaft eng miteinander verbunden.

Alltägliche Aktivitäten

Je schwerer das Kind wird und je mehr die Mutter zunimmt, desto größer ist die Gefahr, daß die Unterleibsmuskulatur überdehnt wird und die Mutter den Körper nicht mehr schmerzlos aufrecht halten kann. Auch die Lockerung der Gelenke, die durch die erhöhte Hormonproduktion ausgelöst wird, führt häufig zu Rückenschmerzen. In jedem Fall sollte eine Frau – im Sitzen, Stehen, Gehen oder beim Heben – ihren Rücken so gerade wie möglich halten. Jede der rechts beschriebenen Tätigkeiten sollte sie nur mit besonderer Vorsicht ausüben.

Heben und schwere Lasten tragen, kann Rückenschmerzen verursachen.

Nach vorne beugen, kann Rückenschmerzen verursachen.

Langes Stehen ist schlecht für die Durchblutung.

Durch die veränderte Verteilung des Körpergewichts kann eine Frau leichter das Gleichgewicht verlieren.

Sport, Ruhe und Entspannung

Sport ist immer gesund, und auch schwangere Frauen sollten weiter die Übungen machen, an die ihr Körper gewöhnt ist. Besonders hilfreich können Übungen sein, die die Muskulatur stärken und den Körper auf die Entbindung vorbereiten. Aber auch Entspannungsübungen sind nötig, weil sich ein angespannter Körper nicht ausruhen kann und Ruhe gerade während der Schwangerschaft äußerst wichtig ist.

Schwangerschaftskurse

In eigens eingerichteten Schwangerschaftskursen können Frauen Entspannungsübungen und -techniken erlernen, die Schwangerschaft und Entbindung erleichtern. Viele werdende Mütter und Väter erhalten dort auch nützliche Informationen und Ratschläge.

Was wächst und schwerer wird

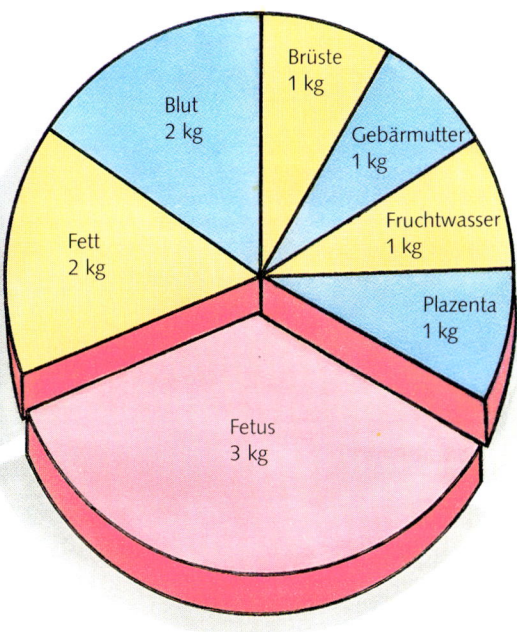

Brüste
1 kg

Blut
2 kg

Gebärmutter
1 kg

Fett
2 kg

Fruchtwasser
1 kg

Plazenta
1 kg

Fetus
3 kg

Die meisten Frauen nehmen in der Schwangerschaft zwischen neun und dreizehn Kilogramm zu. Wie sich diese Gewichtszunahme zusammensetzt, ist aus der Grafik oben abzulesen. Wenn eine Frau jedoch zu stark zunimmt, wird es schwierig für sie, das zusätzliche Gewicht nach der Geburt wieder abzubauen.

Gesunde Ernährung

Während der Schwangerschaft ist eine gesunde Ernährung, die aus einer guten, frischen Mischkost bestehen sollte, noch wichtiger als sonst. Das Kind nimmt sich die Stoffe, die es braucht, selbst wenn dabei für die Mutter nicht genug übrigbleibt. Manche Frauen essen mehr als sonst, häufig allerdings mehrere kleine Mahlzeiten über den ganzen Tag verteilt. Diese Einteilung ist vor allem für die letzten Wochen der Schwangerschaft sinnvoll, in denen größere Essensportionen ein unangenehmes Völlegefühl hervorrufen, weil der Magen auf einen kleineren Raum zusammengepreßt wird.

Was einem ungeborenen Kind schaden kann

Zusammen mit den lebensnotwendigen Stoffen, der Nahrung und dem Sauerstoff, dringen auch andere Stoffe vom Körper der Mutter durch die Plazenta in den Körper des Kindes ein. Manche von ihnen können das Kind schädigen, vor allem während der ersten drei Schwangerschaftsmonate, wenn sich der Embryo besonders schnell entwickelt. Während dieser Zeit wissen viele Paare noch gar nicht, daß die Frau schwanger ist. Das ist einer der Gründe, weshalb eine bewußt geplante Schwangerschaft durchaus sinnvoll sein kann.

So können viele Arten von Arzneimitteln durch die Plazenta in den Körper des Kindes gelangen und dort Schaden anrichten. Eine Frau sollte während der Schwangerschaft grundsätzlich keine Medikamente ohne Rücksprache mit ihrem Arzt einnehmen, nicht einmal ganz „harmlose" Mittel, die sie ohne Rezept erhält.

 Rauchen schadet ebenso einem ungeborenen Kind. Es neigt schon im Mutterleib zu Untergewicht. Raucherinnen haben häufiger eine Früh- oder Fehlgeburt. Ein Neugeborenes macht Schwierigkeiten beim Essen und ist vor allem während der ersten Wochen anfälliger für Infektionen. Man nimmt sogar an, daß auch Kinder, deren Väter Raucher sind, über die Erbanlagen geschädigt werden.

Auch Alkohol dringt durch die Plazenta in den Kreislauf des Kindes ein und sollte deshalb während der Schwangerschaft möglichst gar nicht oder höchstens in ganz kleinen Mengen genossen werden.

Es gibt leider einige Infektionskrankheiten, die das Kind schwer schädigen können, wenn die Mutter sie während der ersten drei Schwangerschaftsmonate bekommt. Die häufigsten Schädigungen entstehen durch Röteln, die beim Kind zu Herzkrankheiten, Erblindung, Taubheit und sogar zu Hirnschädigungen führen können. Eine junge Frau, die während ihrer Kindheit keine Röteln hatte, sollte sich rechtzeitig, das heißt lange vor einer möglichen Schwangerschaft, dagegen impfen lassen.

Vorsorgeuntersuchungen

Eine schwangere Frau sollte regelmäßig einen Arzt aufsuchen, der die normale Entwicklung von Kind und Mutter kontrolliert und bei eventuellen Fehlentwicklungen rechtzeitig eingreift. Solche Untersuchungen werden in Krankenhäusern und in Arztpraxen vorgenommen.

Einige große Krankenhäuser in der Bundesrepublik Deutschland haben für die Schwangerschaftsvorsorge eigens eingerichtete Ambulanzen, in denen Ärzte, die sich auf Geburtshilfe spezialisiert haben, sowie Hebammen, arbeiten. Hebammen betreuen Mütter während der Entbindung und bei ambulanter Geburt (Mutter und Kind verlassen das Krankenhaus gleich nach der Geburt) manchmal auch noch nachher zu Hause.

1 Bei Arztbesuchen wird der werdenden Mutter mehrmals während der Schwangerschaft Blut abgenommen, damit der Arzt ihren Gesundheitszustand überprüfen kann. So soll eventuellen Schädigungen des Kindes vorgebeugt werden.

2 Außerdem wird bei jedem Arztbesuch eine Urinprobe der Mutter untersucht. Anzeichen bestimmter Stoffe wie Zucker oder Eiweiß können auf Krankheitsgefahren für das Kind hinweisen.

3 Das Gewicht der Mutter wird regelmäßig überprüft. Nach den ersten drei Monaten sollte sie langsam, aber stetig zunehmen. An der gleichmäßigen Gewichtszunahme läßt sich auch die gesunde Entwicklung des Kindes ablesen.

4 Jedesmal wird auch der Blutdruck gemessen, das heißt die Kraft, mit der das Herz das Blut durch den Körper pumpt. Zu hoher Blutdruck beeinträchtigt das Wachstum des Kindes und schadet der Mutter.

5 Bei den Vorsorgeuntersuchungen wird die Gebärmutter untersucht. Aus ihrer Größe kann man auf den Entwicklungsstand des Kindes schließen. Gleichzeitig wird auch der Muttermund ertastet, um Frühgeburtsbestrebungen rechtzeitig zu erkennen und ihnen entgegenzuwirken.

6 Der Herzschlag des Kindes wird mit dem Fetalstethoskop abgehört. Die Herztöne können mit einem elektronischen Gerät grafisch dargestellt werden.

Ultraschalluntersuchung

Bei einer Ultraschalluntersuchung werden Schallwellen, die wegen ihrer hohen Frequenz für das menschliche Ohr unhörbar sind, in den Körper der Mutter gesandt. Dort, wo die Wellen auf Widerstand treffen, werden sie reflektiert. Ihr „Echo" wird gemessen und in Lichtpunkte umgewandelt. Auf einem Ultraschallschirm, der einem Fernsehschirm ähnelt, werden die Lichtpunkte zu einer hellen Abbildung des Embryos zusammengesetzt.

Mit dieser Methode können Alter, Größe, Lage und die Wachstumsgeschwindigkeit des Kindes sowie Plazentasitz und eventuelle Mißbildungen erkannt werden. Darüber hinaus läßt sich feststellen, ob eine Frau eine Mehrlingsgeburt haben wird, lange bevor der Arzt oder die Mutter sie ertasten könnten.

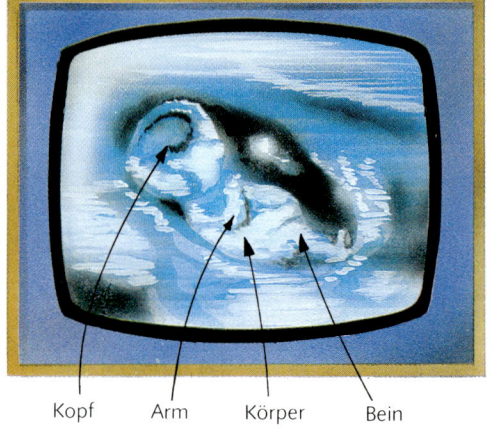

Kopf   Arm   Körper   Bein

Früherkennung von Mißbildungen

Die meisten Kinder kommen gesund zur Welt, aber manche Neugeborene haben auch Schädigungen, die zu einer körperlichen oder geistigen Behinderung führen können. Wenn eine Blut- oder Ultraschalluntersuchung auf eine Schädigung des Kindes hinweist, wird der Arzt wahrscheinlich eine der unten genannten Untersuchungen vorschlagen. Dadurch läßt sich eine Mißbildung des Kindes eindeutig feststellen. Alle diese Untersuchungen bedeuten aber eine Gefahr für das Kind und müssen deshalb mit größter Vorsicht vorgenommen werden.

1 Das Fruchtwasser, das das Kind in der Fruchtblase umgibt, enthält auch einige Zellen des kindlichen Körpers. Durch die *Fruchtwasserpunktion* oder Amnioskopie kann diese Flüssigkeit untersucht werden. Dazu wird die Mutter zunächst örtlich betäubt. Dann wird eine Hohlnadel vorsichtig durch die Bauchdecke in die Gebärmutter eingeführt. Jetzt wird aus dem Fruchtwasser eine kleine Probe abgesaugt, die in einer Spritze am Ende der Hohlnadel gesammelt und dann in einem Labor untersucht wird. Diese Untersuchung sollte nur aus zwingenden medizinischen Gründen durchgeführt werden – wenn aufgrund des Alters der Eltern (über 40 Jahre) der Verdacht auf Mongolismus besteht – da sie für den Embryo gefährlich sein kann.

2 Das neueste Instrument zur Untersuchung eines Kindes ist das *Fetoskop*. Es ist ein winziges „Fernrohr" am Ende einer Hohlnadel, durch das der Arzt in die Gebärmutter hineinschauen und das Kind sehen kann. Dabei kann man das Kind sogar fotografieren. Hierbei handelt es sich allerdings nicht um Routineuntersuchungen.

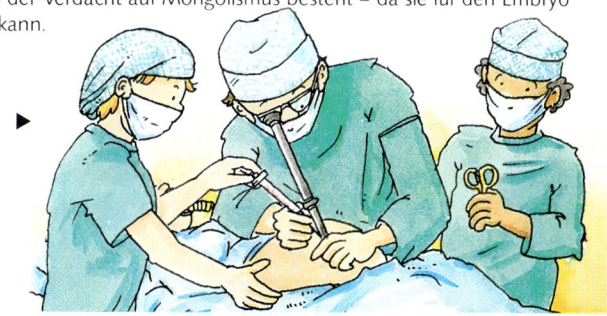

Junge oder Mädchen?

Außer der oben beschriebenen Fruchtwasserpunktion gibt es heute kein sicheres Anzeichen dafür, ob eine Frau einen Jungen oder ein Mädchen gebären wird. Denn nur eine Zelle des Fetus kann über sein Geschlecht Auskunft geben. Mit Hilfe der Fruchtwasserpunktion kann den Eltern ab der 14. Schwangerschaftswoche das Geschlecht ihres Kindes zuverlässig mitgeteilt werden. Eine Frau, die sich aus medizinischen Gründen dieser Untersuchung unterziehen muß, kann also nebenbei auch erfahren, ob sie ein Mädchen oder einen Jungen erwartet.

Was ist eine Fehlgeburt?

Ein Kind, das in der 28. Schwangerschaftswoche zu früh geboren wird, hat bereits eine gute Überlebenschance. Früher geborene Kinder sterben häufig.* Eine Frühgeburt, die mit dem Tod des Kindes endet, oder die Geburt eines vor der 28. Woche bereits im Mutterleib gestorbenen Embryos, nennt man *Fehlgeburt*, *Spontanabgang* oder *Spontanabort.* Fehlgeburten sind vor allem während der ersten drei Schwangerschaftsmonate recht häufig. Wahrscheinlich handelt es sich hier um ein natürliches Ausleseverfahren, mit dem mißgebildete Kinder frühzeitig aus dem Mutterleib ausgestoßen werden.

Was ist ein Schwangerschaftsabbruch?

Wenn ein Arzt annehmen muß, daß das Kind eine ernsthafte Mißbildung aufweist oder daß die Mutter durch die Fortführung der Schwangerschaft in ihrer Gesundheit gefährdet wird, können sich die Eltern für einen Abbruch der Schwangerschaft, das heißt für eine Abtreibung, entscheiden. In der Bundesrepublik Deutschland berechtigen darüber hinaus gewisse gesetzlich festgelegte Umstände zu einer Abtreibung (siehe Seite 33). In jedem Fall sollte die Mutter dazu ein Krankenhaus aufsuchen, in dem der Schwangerschaftsabbruch vorgenommen wird.

* Die moderne Behandlung von Frühgeborenen ist inzwischen so weit fortgeschritten, daß auch Kinder überleben können, die nur 24 bis 26 Wochen alt sind.

Wie ein Kind geboren wird

Der Geburtsvorgang läßt sich in drei Phasen einteilen. Niemand weiß bisher genau, wodurch die Wehen ausgelöst werden. Man nimmt an, daß der Fetus bestimmte Hormone produziert, sobald er zur Geburt bereit ist. Diese Hormone werden über die Plazenta an die Mutter weitergegeben und lösen die Wehen aus. Die Dauer der Wehen ist bei jeder Frau und bei jeder Geburt verschieden. Man kann beim ersten Kind eine Durchschnittsdauer von etwa zwölf bis fünfzehn Stunden ansetzen, aber es kann ebensogut viel länger oder viel kürzer dauern. Allgemein gilt, daß mit jeder Geburt die Wehen leichter und kürzer werden.

1. Phase

Während der ersten Phase des Geburtsvorgangs, der *Eröffnungsphase*, dehnt sich der untere Teil der Gebärmutter, der Muttermund, öffnet sich weit genug, um das Kind hindurchzulassen. Normalerweise ist die Öffnung im Muttermund nur etwa zwei Millimeter weit.

Gegen Ende der Schwangerschaft ist der Gebärmuttermuskel einer der größten und stärksten Muskeln des gesamten Körpers. Während der Wehen zieht sich der obere Teil der Gebärmutter abwechselnd zusammen und dehnt sich wieder aus. Durch diese Kontraktionen wird der Muttermund allmählich geöffnet.

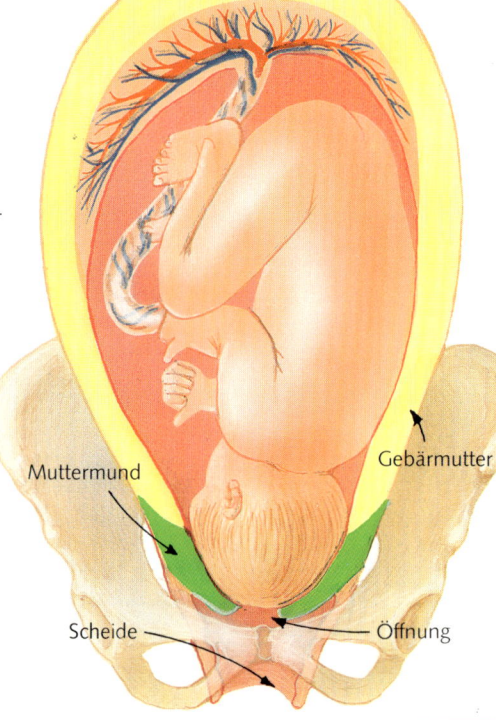

Der Kopfdurchmesser eines Neugeborenen beträgt durchschnittlich etwa 9,5 Zentimeter. Die Muttermundöffnung muß sich deshalb bis auf etwa zehn Zentimeter weiten, damit der Kopf hindurchpaßt. Irgendwann während dieses Vorgangs wird der Druck auf die Fruchtblase so stark, daß sie platzt und das Fruchtwasser durch Muttermund und Scheide herausfließt.

Muttermund

Gebärmutter

Scheide

Öffnung

Wehen

Die erste Phase ist zugleich die längste Phase des Geburtsvorgangs. Sie dauert beim ersten Kind durchschnittlich etwa zehn Stunden. Am Anfang betragen die Abstände zwischen den einzelnen Wehen etwa 20 bis 30 Minuten. Je weiter die Geburt fortschreitet, desto häufiger und stärker werden die Wehen. Wenn der Muttermund ganz offen ist, finden etwa alle zwei Minuten Kontraktionen statt, die jeweils etwa einseinhalb Minuten dauern.

Grafische Darstellung der Wehen während der ersten Phase

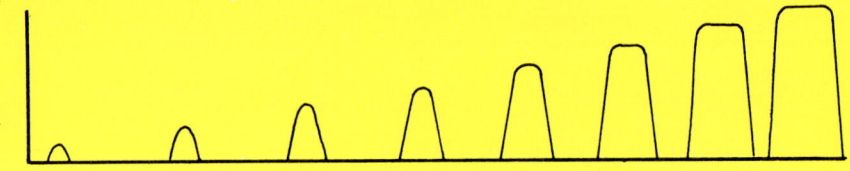

2. Phase

Die zweite Phase der Entbindung, die *Austreibungsphase*, beginnt, wenn sich der Muttermund ganz geöffnet hat. Sie endet mit der tatsächlichen Geburt (Entbindung) des Kindes. Diese Phase kann von einigen Minuten bis zu zwei Stunden dauern.

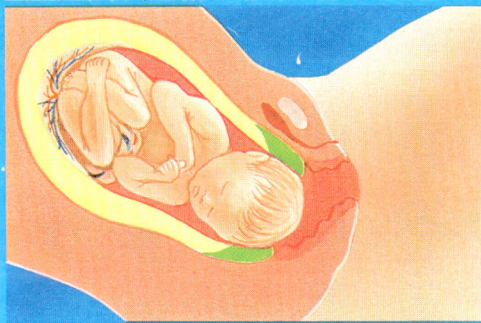

Wenn das Kind die Gebärmutter verlassen hat, muß es noch durch den *Geburtskanal*, die Scheide, nach außen rutschen. Die Wände der Scheide sind in Falten gelegt, die durch das Kind gedehnt werden.

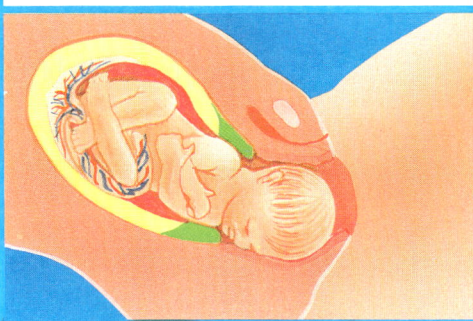

Die Gebärmutter zieht sich weiter in regelmäßigen Abständen zusammen und wird dabei durch bewußte Muskelanspannung der Mutter unterstützt; das sind die *Preßwehen*. Sobald der Kopf des Kindes durch die Scheide herausgepreßt ist, rutscht der Rest des Körpers ganz leicht nach.

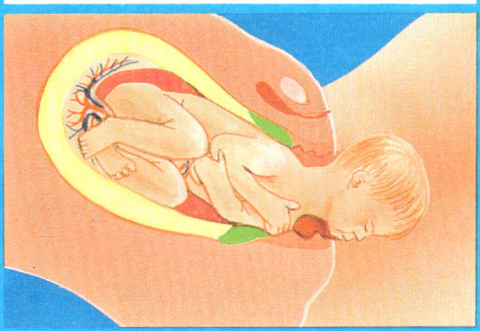

3. Phase

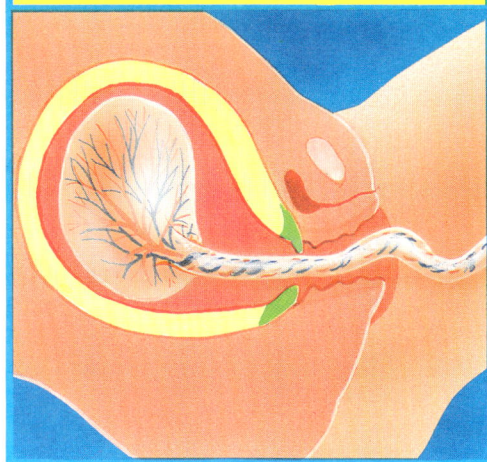

Auch nach der Geburt, in der *Nachgeburtsphase*, ist das Kind noch durch die Nabelschnur mit der Plazenta und damit mit der Gebärmutterwand verbunden. Kurz nach der Geburt löst sich die Plazenta von der Gebärmutterwand und verläßt zusammen mit der leeren Fruchtblase, die noch an der Plazenta hängt, den Mutterleib durch die Scheide. Plazenta, Fruchtblase und Nabelschnur bezeichnet man zusammen als *Nachgeburt*. Sie wird kurz nach dem Kind ausgestoßen.

Woran erkennt eine Mutter den Beginn der Wehen?

Das erste Anzeichen für den Beginn der Wehen sind krampfartige Schmerzen, die in regelmäßigen Abständen von etwa 20 bis 30 Minuten wiederkehren. Sie werden durch die Kontraktionen der Gebärmutter ausgelöst und sind ganz unten im Unterleib oder in der Nähe des Steißbeins zu spüren. Ein weiteres Zeichen ist häufig eine Anspannung des gesamten Unterleibs während der Wehen.
Manchmal platzt auch die Fruchtblase noch vor dem Einsetzen der Wehen, und ein Teil des Fruchtwassers fließt aus der Scheide. Manche Frauen erkennen den Beginn der Geburt auch daran, daß ein kleiner Schleimpfropfen, das sogenannte *Zeichen*, abgegangen ist, der den Muttermund während der Schwangerschaft wie ein Stöpsel verschließt.

Die Betreuung während der Entbindung

Ob zu Hause oder im Krankenhaus, die Mutter wird während der Entbindung meist von einer Hebamme betreut. Sie hilft ihr, redet ihr gut zu und prüft regelmäßig, ob alles richtig verläuft.

Die Hebamme kann feststellen, wie weit die Geburt fortgeschritten ist, indem sie zwei Finger in die Scheide einführt und vorsichtig untersucht, wie weit der Muttermund schon geöffnet ist. Wenn er etwa zehn Zentimeter weit ist, dann weiß sie, daß die erste Phase der Entbindung beendet ist. Von Zeit zu Zeit fühlt sie den Puls der Mutter, mißt ihre Körpertemperatur und ihren Blutdruck.

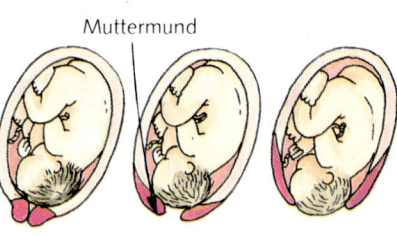

Muttermund

Geschlossen   4 cm weit   10 cm weit

Indem die Hebamme den Bauch der Mutter abtastet, erkennt sie die Stärke der Kontraktionen und die Zeitabstände zwischen den einzelnen Wehen. Mit dem Fetalstethoskop hört sie die Herzschläge des Kindes ab. Solange sie regelmäßig sind, erhält das Kind genügend Sauerstoff und ist nicht in Gefahr.

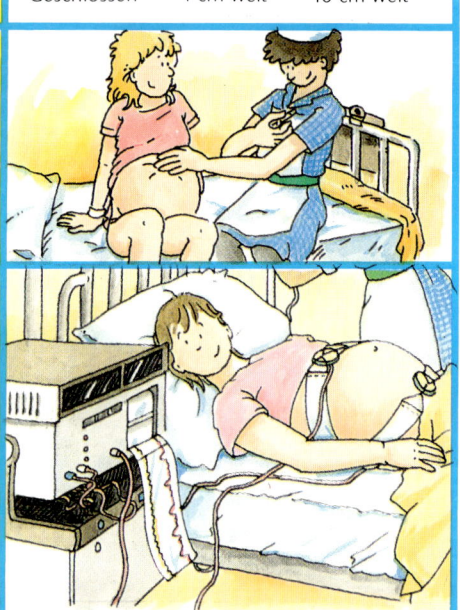

In den meisten Krankenhäusern gibt es inzwischen Geräte, von denen gleichzeitig Dauer und Stärke der Wehen und der Herzschlag des Kindes aufgezeichnet werden. Dazu werden der Mutter zwei Elektroden – ein Herzfrequenz- und ein Wehenaufnehmer – auf den Bauch gelegt, die durch Kabel mit dem Meßgerät verbunden sind. Die Impulse, die auf diese Weise in das Gerät gelangen, werden in Form von zwei Kurven auf einer Papierrolle aufgezeichnet. Der Herzschlag des Kindes wird manchmal auch als pochender Ton oder als Lichtimpuls wiedergegeben.

Was geschieht nach der Geburt?

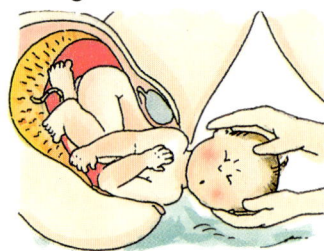

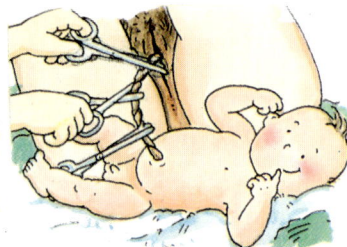

Die meisten Kinder werden mit dem Kopf voran geboren. Sobald Kopf und Brust die Scheide verlassen haben, weiten sich die Lungenflügel des Kindes, und die erste Luft wird eingeatmet. Wenn die Geburt beendet ist, prüfen Hebamme oder Arzt, ob Mund und Nase des Babys frei von Flüssigkeit sind und Luft durchlassen.

Noch ist das Kind durch die Nabelschnur mit der Plazenta in der Gebärmutter verbunden. Ein paar Minuten nach der Geburt wird die Nabelschnur an zwei Stellen abgeklemmt und dazwischen abgeschnitten. Das Kind ist *entbunden*.

Nun ist es endlich so weit, daß die Eltern ihr Kind in den Arm nehmen und richtig anschauen können. Manche Kinder schreien nach der Geburt heftig, andere weinen nur ein bißchen. In jedem Fall atmen sie auf diese Weise kräftig, und dadurch werden eventuelle Flüssigkeitsreste aus der Lunge entfernt.

Wie man der Mutter helfen kann

Ein Kind zu bekommen, ist eine wunderschöne Erfahrung, aber sie kann auch schmerzhaft und sehr anstrengend sein. Kein Wunder also, daß die Kontraktionen „schmerzhafte Wehen" genannt werden. Sie beginnen zwar meist nur mit einem leichten Ziehen, aber je häufiger und stärker sie werden, desto mehr tun sie auch weh. Das Ende der ersten Phase ist häufig der schmerzhafteste Teil der ganzen Entbindung. Die zweite Phase strengt die Mutter sehr an, und wenn das Kind „das Licht der Welt erblickt", ist die Mutter meist völlig erschöpft. Heutzutage sind auch viele Väter bei der Geburt ihrer Kinder anwesend. Sie können bei der Entbindung mithelfen und ihre Frauen durch Trost und Zuspruch unterstützen. Es gibt verschiedene Maßnahmen, mit denen eine Entbindung für die Mutter weniger schmerzhaft gemacht werden kann.

1

Wenn der Körper angespannt ist, spürt man Schmerzen viel stärker. Es ist deshalb wichtig, daß die Mutter während der Wehen gleichmäßig durchatmet und sich zwischendurch immer wieder entspannen kann. Verspannte Muskeln lassen sich durch Massage lösen.

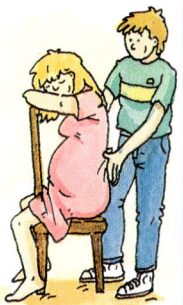

2

Wenn die Schmerzen unerträglich werden, kann der Arzt eine lindernde Spritze geben. Sie verringert zwar die Schmerzen, macht aber die Mutter – und auf dem Weg über die Plazenta auch das Kind – etwas benommen.

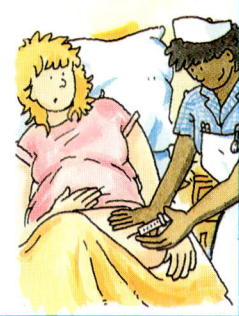

3

Wenn die Wehenschmerzen zu stark werden, kann sich die Mutter auch mit *Lachgas* (eine Mischung aus Distickstoffmonoxid und Sauerstoff) betäuben lassen, das sie durch eine Maske einatmet. Diese Methode ist heute sehr selten geworden.

4

Eine andere Möglichkeit der Betäubung ist die sogenannte *Rückenmarksspritze*. Dabei wird ein örtliches Betäubungsmittel in die Lendengegend gespritzt, das die Nerven um das Rückgrat herum betäubt. Der ganze Unterleib wird dadurch gefühllos.

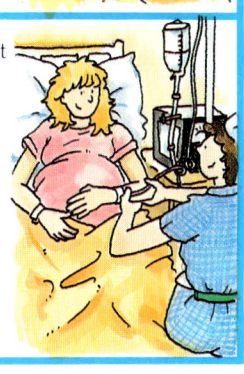

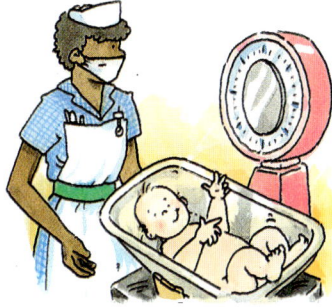

Nachdem festgestellt worden ist, daß das Kind rein äußerlich gesund ist, wird es gewogen. Außerdem werden Körperlänge und Kopfumfang gemessen. Das Geburtsgewicht muß man kennen, um in den Wochen nach der Geburt kontrollieren zu können, ob das Kind richtig wächst.

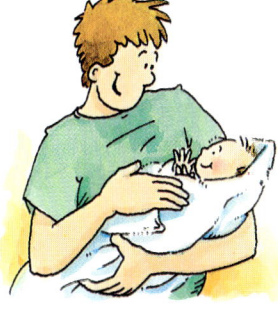

Das Kind muß unbedingt warm gehalten werden. Vor allem wenn der Kopf naß ist, sinkt die Körpertemperatur leicht. Deshalb muß es gut eingewickelt und auch am Kopf bedeckt sein, bevor es den Eltern übergeben wird.

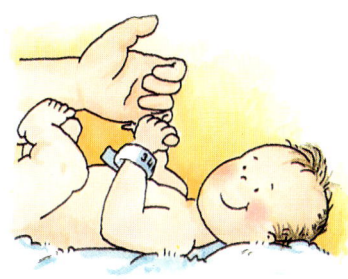

Nach der Geburt im Krankenhaus wird jedem Kind – und eventuell auch der Mutter – ein Armband mit Namen und Geburtsdatum um das Handgelenk gelegt. Dadurch sollen Verwechslungen vermieden werden.

Die Einleitung der Geburt

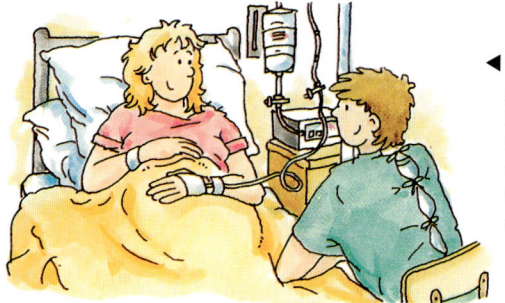

◀ Es kann vorkommen, daß der Arzt, der eine schwangere Frau vor der Entbindung betreut, aus medizinischen Gründen (weil eine akute Gefahr für Mutter oder Kind besteht) eine *künstliche Einleitung* der Geburt für nötig hält. Dazu werden der Frau Hormone entweder in Form von *Vaginalzäpfchen* oder als *Tropf* in die Vene gegeben.

Die Risikogeburt ▶

Für den Fall, daß die zweite Phase der Entbindung zu lange dauert und das Kind somit durch Sauerstoffmangel gefährdet wird, kann der Arzt eine *Geburtszange* zu Hilfe nehmen. Mit den Enden einer solchen Zange umgreift er den Kopf des Kindes und zieht es vorsichtig durch die Muttermundöffnung und die Scheide aus dem Mutterleib. Statt einer Geburtszange kann der Arzt auch eine *Saug-* oder *Vakuumglocke** benutzen.

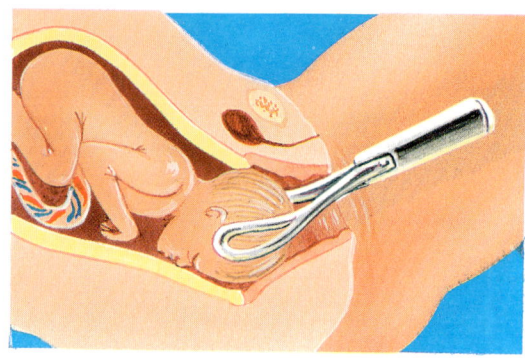

Der Dammschnitt

◀ Wenn der Kopf des Kindes sehr groß und die Scheidenöffnung eng ist, können die Haut und der Muskel um die Öffnung einreißen. Ein solcher Riß läßt sich vorher durch den Dammschnitt vermeiden. Bei einer Zangengeburt oder wenn das Kind in Steißlage zur Welt kommt (siehe nächste Seite), wird fast immer ein Dammschnitt gemacht, der nach der Entbindung genäht wird. Die Stelle schmerzt einige Tage lang, und die Mutter kann schlecht sitzen.

Babys, die besondere Betreuung brauchen

Manche Kinder brauchen unmittelbar nach der Geburt eine besondere Betreuung. Darunter fallen auch alle Frühgeborenen, also die Kinder, die mehr als drei Wochen vor dem errechneten Geburtstermin zur Welt kommen. Man betreut auch besonders kleine und schwache Kinder, die zwar voll ausgetragen sind, die man aber vor jeder Ansteckungsgefahr bewahren will. Solche Kinder legt man gewöhnlich in einen *Brutkasten* (einen geschlossenen, durchsichtigen Kasten) und kümmert sich um sie mit besonderer Sorgfalt auf der *Frühgeborenenstation*. Die meisten Säuglinge holen die fehlende Entwicklung schnell nach und wachsen zu gesunden, kräftig Babys heran.

Das Kind kann auf eine besondere Matratze gelegt werden, die einen Alarmton von sich gibt, wenn es zu atmen aufhört.

* Ein Metalltrichter mit Gummieinsatz, mit dem das Kind am Kopf nach außen gesaugt wird.

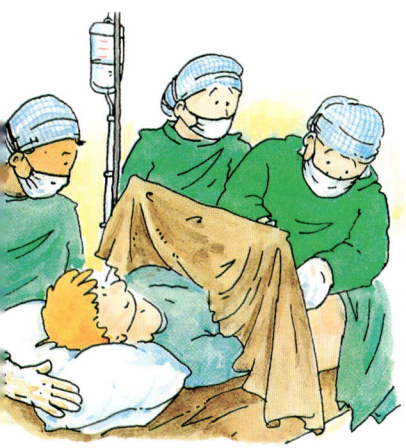

Der Kaiserschnitt

◀ Der Kaiserschnitt ist eine Operation, die in der Regel etwa 40 Minuten dauert und die unter Vollnarkose oder auch nach einer Rückenmarksspritze (Lumbalanästhesie) vorgenommen wird. Der Vorteil der Rückenmarksspritze liegt darin, daß die Mutter bei Bewußtsein bleibt und die Geburt miterleben kann, ohne Schmerzen zu empfinden. Beim Kaiserschnitt werden der Bauch und die vordere Gebärmutterwand mit einem Skalpell durchtrennt, und das Kind wird mitsamt der Plazenta herausgehoben.

Ein Kaiserschnitt wird notwendig, wenn das Becken der Mutter zu eng ist oder wenn die Plazenta vor dem inneren Muttermund liegt. Er wird immer vorgenommen, wenn durch ein weiteres Hinausschieben der Geburt Leben und Gesundheit von Mutter oder Kind in Gefahr sind.

Geburt in Steißlage ▶

Die meisten Kinder werden mit dem Kopf voran geboren, aber es gibt Fälle, in denen ein Kind sich vor der Geburt nicht dreht und mit dem Po oder *Steiß* voran geboren wird. In diesem Fall ist die Entbindung etwas schwieriger.

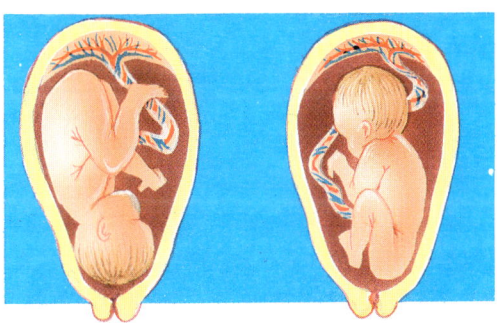

Die „natürliche Geburt"

Eine Entbindung ist für den Körper der Mutter ein natürlicher Vorgang. Trotzdem ist sie nicht ohne Gefahren für Mutter und Kind. Um diese Gefahren so gering wie möglich zu halten, hat sich in den letzten Jahrzehnten immer mehr die Entbindung im Krankenhaus durchgesetzt. Durch zahlreiche neuere Erkenntnisse und Entwicklungen in der Technologie kann jede Entbindung inzwischen künstlich eingeleitet und beschleunigt, technisch überwacht und weniger schmerzhaft gemacht werden.

So viel Technik bei einem an sich natürlichen Vorgang hat aber auch Nachteile. Deshalb vertreten heute viele Leute, darunter auch Ärzte und Hebammen, die Ansicht, daß man einer Geburt möglichst ihren natürlichen Lauf lassen und weitgehend auf den Einsatz von Technik verzichten sollte, ausgenommen natürlich die Fälle, in denen Gefahr für Mutter oder Kind besteht. Anhänger der „natürlichen Geburt" betonen, daß beide Eltern Schwangerschaft und Geburt von Anfang an bewußt miterleben sollten, weil sie auf diese Weise eine besondere Beziehung zueinander und zu ihrem gemeinsamen Kind bekommen.

Die Temperatur innerhalb des Brutkastens wird auf gleichbleibender Höhe gehalten. So braucht das Kind nichts anderes als eine Windel zu tragen, und kann ohne Kleidung besser beobachtet werden.

Es wird durch eine Sonde durch die Nase und die Speiseröhre oder durch einen Tropf in die Vene ernährt.

Wenn nötig, kann es im Brutkasten kurzfristig künstlich mit Sauerstoff beatmet werden.

Was ist eine Totgeburt?

Man spricht von einer Totgeburt, wenn ein Kind schon im Mutterleib gestorben ist und nach der 28. Schwangerschaftswoche tot zur Welt kommt.* Eine Totgeburt bedeutet großen Schmerz und Kummer für die Eltern. Glücklicherweise kommt sie bei dem heutigen Stand der Medizin und der Betreuung während der Schwangerschaft in der westlichen Welt nur noch selten vor.

* Vor der 28. Schwangerschaftswoche spricht man von einer Fehlgeburt oder einem Spontanabgang (siehe Seite 56).

71

Was einen Menschen bestimmt

Sobald Ei- und Samenzelle im Körper der Frau zu einer neuen Zelle verschmelzen, enthält diese Zelle bereits alle Informationen, die zur Bildung eines neuen, in seiner Erscheinung einzigartigen menschlichen Wesens nötig sind. Diese Informationen sind in den *Genen*, den Erbanlagen, in jeder Zelle gespeichert. Aber das Wesen eines Menschen wird nicht nur durch die Gene bestimmt. Auch die Umwelt: Menschen, Ernährung, Lebensraum oder Klima und vieles andere mehr beeinflussen sein Wesen und seine Entwicklung.

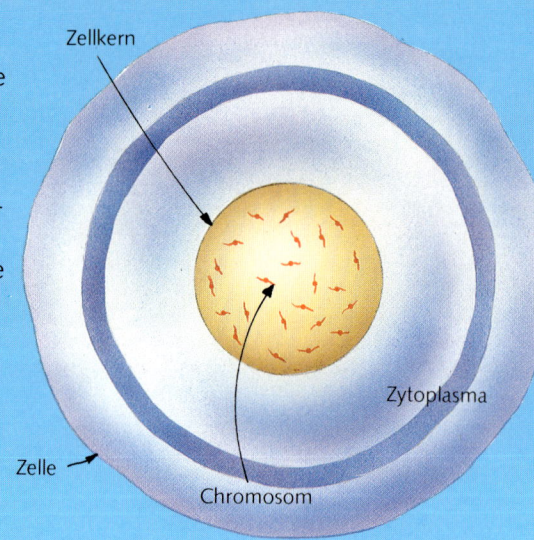

Zellkern

Zytoplasma

Zelle

Chromosom

1 Der menschliche Körper entsteht aus einer einzigen Zelle, die sich durch ständige Teilung schnell zu Milliarden von Zellen entwickelt. Außer der Eizelle sind alle Zellen in unserem Körper so winzig, daß man sie nur unter dem Mikroskop erkennen kann. Jede Zelle besteht aus dem *Zytoplasma*, einem geleeartigen, zähflüssigen Stoff, und dem *Zellkern* in der Mitte. Dort finden sich fadenähnliche Gebilde, die *Chromosomen*. Jedes Chromosom setzt sich aus Tausenden von *Erbanlagen* zusammen.

2 Die Erbanlagen oder Gene lassen sich mit einem sehr komplizierten Computer vergleichen, der eine Vielzahl von Informationen geordnet speichern kann. Jedes Gen besteht aus chemischen Substanzen, die sich zu einem Molekül verbinden, das einer stark gewundenen Wendeltreppe ähnelt. Die Anordnung der chemischen Stoffe unterscheidet sich von „Sprosse zu Sprosse". In der Aufeinanderfolge unterschiedlicher „Sprossen" ist die *genetische Information* gespeichert. Eine Folge von mehreren tausend „Sprossen" speichert die Anweisung für ein bestimmtes Merkmal, z.B. die Haarfarbe.

Jedes *Chromosomenpaar* enthält ein Chromosom von der Mutter und eines vom Vater.

3 In jeder menschlichen Eizelle und in jeder Samenzelle sind je 23 einzelne Chromosomen enthalten. Nach der Verschmelzung von Ei- und Samenzelle besitzt die neu entstandene Zelle deshalb 46 Chromosomen oder 23 Chromosomenpaare. Eine genaue Kopie dieser 46 Chromosomen wird an jede einzelne Zelle des Körpers weitergegeben.

Junge oder Mädchen

Eines der 23 Chromosomen in jeder Eizelle und in jeder Samenzelle ist ein *Geschlechtschromosom*. Es gibt zwei Arten von Geschlechtschromosomen, die „X-" und die „Y-Chromosomen" genannt werden. Eizellen besitzen immer nur ein X-Chromosom. Samenzellen enthalten ausschließlich ein X- oder ein Y-Chromosom. Verschmilzt eine Samenzelle, die ein X-Chromosom enthält, mit einer Eizelle, so entsteht daraus ein Mädchen. Verschmilzt eine Samenzelle, die ein Y-Chromosom enthält, mit einer Eizelle, so entsteht daraus ein Junge.

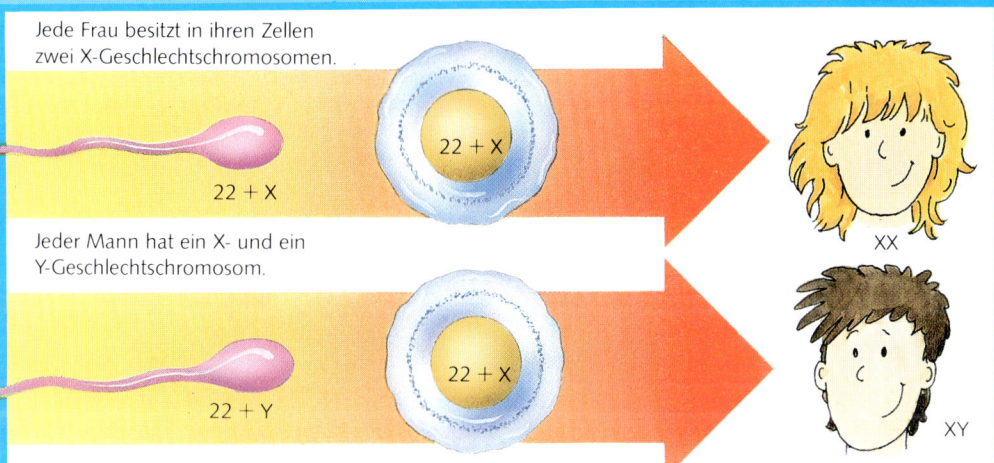

Jede Frau besitzt in ihren Zellen zwei X-Geschlechtschromosomen.

22 + X

22 + X

XX

Jeder Mann hat ein X- und ein Y-Geschlechtschromosom.

22 + Y

22 + X

XY

Theoretisch sind die Chancen völlig gleich, einen Jungen oder ein Mädchen zu zeugen. Daß in manchen Familien nur Jungen und in anderen nur Mädchen geboren werden, ist wahrscheinlich reiner Zufall. Man nimmt allerdings an, daß sich die Samenzellen mit einem Y-Chromosom schneller fortbewegen, während die Samenzellen mit einem X-Chromosom länger leben. Wenn also ein Paar zur Zeit des Eisprungs Geschlechtsverkehr miteinander hat, entsteht daraus eher ein Junge. Findet der Geschlechtsverkehr einige Tage vor dem Eisprung statt, wird das Kind eher ein Mädchen.

Welchem Elternteil sieht das Kind ähnlich?

Viele tausend Erbanlagen von beiden Eltern bestimmen das äußere Erscheinungsbild eines Kindes. Bestimmte Merkmale jedoch, wie die Blutgruppe und die Haarfarbe, werden von nur einem Gen jedes Elternteils bestimmt. Widersprechen sich die Informationen der zwei Gene, dann wird in der Regel eine Erbanlage die andere unterdrücken. Das Gen, das sich durchsetzt, heißt *dominant*; das „schwächere" Gen nennt man *rezessiv*. Die Erbanlagen der hier abgebildeten Eltern könnten drei verschiedene Haarfarben hervorrufen. Grundsätzlich gilt, daß die Erbanlage für dunkle Haare sich gegenüber andern Haarfarben durchsetzt. Ebenso ist das Gen für die blonde Haarfarbe gegenüber dem Gen für rote Haare dominant. Ein Kind mit roten Haaren muß von beiden Eltern eine Anlage für rote Haare geerbt haben.

Dunkel + Blond   Dunkel + Rot   Blond + Rot   Rot + Rot

Krankhafte Erbanlagen

Es kann vorkommen, daß ein Kind von einem oder beiden Eltern ein zusätzliches Chromosom mitbekommt. So haben *mongoloide Kinder* ein Chromosom zuviel, also insgesamt 47 statt 46 Chromosomen. Durch diese Fehlentwicklung ist das Kind geistig und körperlich behindert.
Andere Störungen, die von krankhaften Erbanlagen verursacht werden, können von Generation zu Generation weitergegeben werden. Tritt eine entsprechende Erbanlage in einer Familie auf, so sollte ein Arzt zu Rate gezogen werden. Er kann den künftigen Eltern vielleicht sagen, wie groß die Wahrscheinlichkeit ist, mit der ihr Kind diese Veranlagung erben wird.

Mehrlinge und Retortenkinder

Die Wahrscheinlichkeit, daß eine Mutter Zwillinge gebiert, ist etwa 1:80. Es gibt Völker, in denen Zwillinge häufiger vorkommen als bei anderen. Wiederholte Zwillingsgeburten in der Familie der Mutter oder des Vater vergrößern die Wahrscheinlichkeit, daß Zwillinge geboren werden. Bei Zwillingen, Drillingen usw. spricht man von Mehrlingsgeburten.

Wie entstehen Zwillinge?

Es gibt zwei Arten von Zwillingen: *eineiige* und *zweieiige Zwillinge*. Eineiige Zwillinge entstehen durch die Trennung einer bereits geteilten befruchteten Eizelle zu einem sehr frühen Zeitpunkt der Schwangerschaft. Jede dieser Hälften entwickelt sich zu einem eigenständigen Kind.* Beide Kinder haben identische Erbanlagen, dasselbe Geschlecht und sind in ihrem äußeren Erscheinungsbild völlig gleich.

Zweieiige Zwillinge entstehen dadurch, daß in den Eierstöcken der Mutter gleichzeitig zwei Eizellen heranreifen, die dann von zwei verschiedenen Samenzellen befruchtet werden. Diese Zwillinge ähneln einander nicht mehr als andere Geschwister. Sie können dasselbe Geschlecht oder verschiedene Geschlechter haben, und ihre Erbanlagen sind nicht identisch.

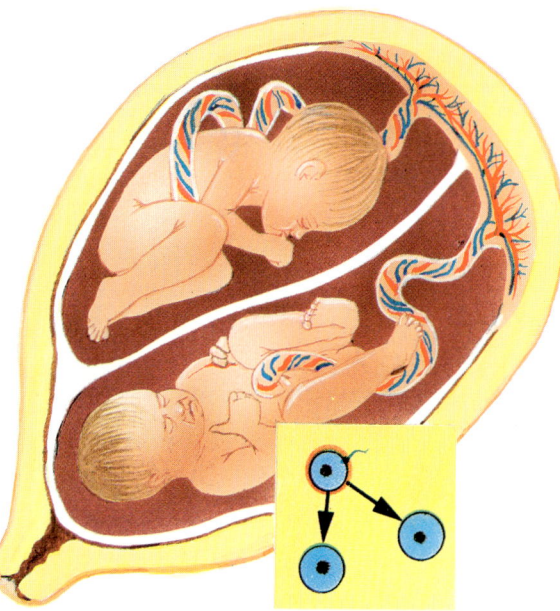

Eineiige Zwillinge teilen sich dieselbe Plazenta. Sie werden von einer Fruchtblase umgeben. Eine dünne Membran bildet sich zwischen beiden Kindern, so daß sie in zwei getrennten Kammern schwimmen.

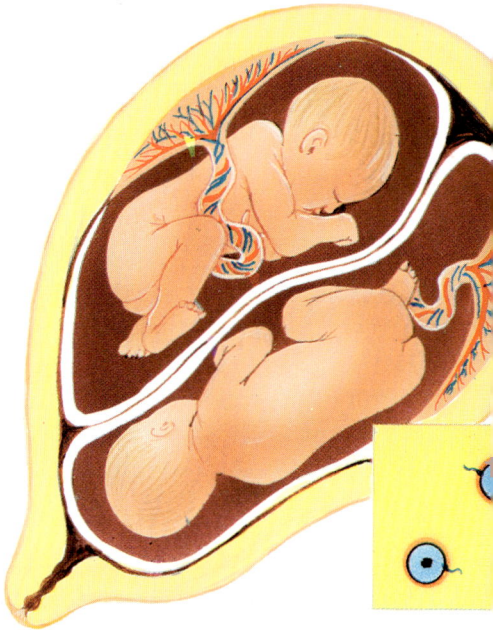

Jeder der zweieiigen Zwillinge hat seine eigene Plazenta und seine eigene Fruchtblase.

Werden es Zwillinge?

Wenn der Bauch einer schwangeren Frau übermäßig groß ist, dann vermutet die Hebamme oder der Arzt, daß darin Zwillinge heranreifen. Manchmal lassen sich zwei getrennte Herztöne von außen unterscheiden oder zwei Köpfe oder mehrere Arme und Beine durch Tasten erfühlen. Mit einer Ultraschalluntersuchung (siehe Seite 64) kann man Zwillinge bereits in der 14. Schwangerschaftswoche feststellen.

Die Geburt von Zwillingen

Die Wehen bei der Geburt von Zwillingen unterscheiden sich nicht sehr von denen bei der Geburt eines einzelnen Kindes. Sie dauern gewöhnlich auch nicht länger. Es gibt auch nur *eine* erste Phase, weil beide Kinder direkt hintereinander herausrutschen können, sobald der Muttermund geöffnet ist. Das erste Kind dehnt den Geburtskanal, so daß die nächste Phase für das zweite Kind meist sehr schnell abläuft.

74

* Aus einer befruchteten, geteilten Eizelle, deren Hälften sich nur teilweise trennen, entstehen *siamesische Zwillinge*. Das sind Kinder, die an bestimmten Körperteilen zusammengewachsen sind. Diese Erscheinung ist aber sehr selten.

Drillinge, Vierlinge usw.

Die Wahrscheinlichkeit für eine Geburt von Drillingen ist 1 : 6 400. Vierlinge oder gar Fünflinge und Sechslinge sind noch viel seltener. Heutzutage treten solche Mehrlingsgeburten allerdings häufiger auf. Frauen, die ein Kind haben möchten, aber auf natürliche Art nicht schwanger werden, erhalten Hormongaben, die oft mehrere Eizellen heranreifen lassen. Mehrlinge können eineiig, zweieiig oder eine Mischung aus beidem sein.

Eineiige Drillinge:
alle aus einer Eizelle ▶

Dreieiige Drillinge:
◀ aus drei verschiedenen Eizellen

2 eineiige Drillinge,
1 Drilling aus einer eigenen Eizelle ▶

Problem: Unfruchtbarkeit

Es gibt körperlich bedingte Ursachen, daß ein Paar keine Kinder bekommt, obwohl es sich welche wünscht und obwohl es zum Zeitpunkt des Eisprungs Geschlechtsverkehr hat. Das läßt auf eine Unterproduktion von gesunden Samenzellen oder die Blockierung von Ei- oder Samenleiter schließen. Es kann aber auch sein, daß eine Frau keinen Eisprung hat. Ein Arzt kann versuchen, Ei- oder Samenleiter durchgängig zu machen oder mit Hilfe von Hormongaben die Produktion von Ei- und Samenzellen anzuregen.

Kinder aus der Retorte

Eine neue Methode, solchen Paaren zu helfen, ist die künstliche Befruchtung außerhalb des Mutterleibs, die vor allem angewendet wird, wenn die Eileiter trotz eines entsprechenden Eingriffs undurchlässig bleiben. Jeder Schritt muß zeitlich genau geplant sein. Außerdem müssen die Temperatur und die chemischen Bedingungen, unter denen die Ei- und Samenzellen aufbewahrt werden, immer sorgfältig geprüft und gesteuert werden. Nur wenn alles genau beachtet wird, besteht Aussicht auf Erfolg. Vor einem solchen Eingriff wird der Eisprung der Frau häufig durch Hormongaben derart angeregt, daß mehr als eine Eizelle gleichzeitig heranreift. Auf diese Weise können mehrere Eizellen abgesaugt, befruchtet und wieder in die Gebärmutter eingepflanzt werden. Damit erhöht sich die Chance, daß sich mindestens eine Eizelle einnistet.

Der Arzt führt durch einen winzigen Bauchschnitt einen dünnen Schlauch in den Unterleib der Frau ein und saugt die herangereifte Eizelle nach dem Eisprung heraus.

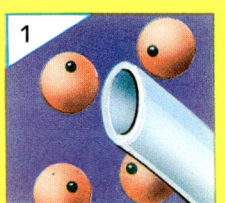

In einem Schälchen verschmilzt die Eizelle mit einer der Samenzellen des Partners zu einer neuen Zelle, die sich danach zu teilen beginnt.

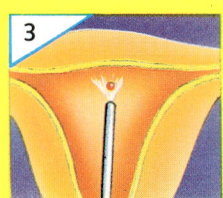

Wenn das neu entstandene Lebewesen acht bis sechzehn Zellen hat, wird es mit einem Schlauch durch die Scheide in die Gebärmutter eingesetzt.

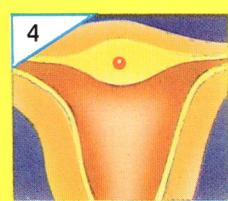

Sobald sich die Eizelle in der Gebärmutterschleimhaut eingenistet hat, wächst sie dort wie bei einer normalen Schwangerschaft heran.

Mittlerweile lassen sich solche befruchteten Eizellen auch einfrieren und für die Wiederverwendung zu einem späteren Zeitpunkt aufbewahren: Falls sich nämlich die erste eingepflanzte Eizelle nicht eingenistet hat und der Versuch wiederholt werden soll oder falls die Mutter nach einer erfolgreichen Schwangerschaft ein zweites oder drittes Kind möchte.
Außerdem gibt es sogenannte Samenbanken. Dort können Männer ihre Spermien einfrieren und lagern lassen, damit diese zu einem späteren Zeitpunkt zur Befruchtung verwendet werden können.
Viele Menschen stehen der Möglichkeit, Retortenkinder zu produzieren, sehr skeptisch gegenüber, weil Unbefugte in einem totalitären Staat sehr schnell darüber bestimmen könnten, wer von wem Kinder empfangen darf. Hiermit haben sich schon viele Autoren in ihren Zukunftsromanen beschäftigt. Wenn du magst, dann lies doch mal von Aldous Huxley „Schöne neue Welt".

Neugeborene

Jedes Kind hat schon bei der Geburt seine ganz eigenen Züge, durch die es sich von allen anderen Kindern unterscheidet. Es gibt jedoch einige typische Merkmale für Neugeborene, die man vielfach beobachten kann.

Während der ersten Lebenstage hängt noch ein kleines Stück Nabelschnur aus dem Nabel des Kindes; es ist abgebunden oder abgeklemmt, so daß es abtrocknet und schließlich abfällt.

Die Augenfarbe von Neugeborenen ist grundsätzlich dunkelblau, kann sich allerdings schon kurz nach der Geburt bereits verändern. Manche Kinder scheinen zu schielen, weil sie beide Augen noch nicht lange in der gleichen Richtung halten können.

Manche Babys werden mit vielen Haaren geboren, während andere fast kahl sind. Im Mutterleib sind alle Kinder mit einer feinen Flaumschicht bedeckt, die manchmal auch noch nach der Geburt zu sehen ist, dann aber bald verschwindet.

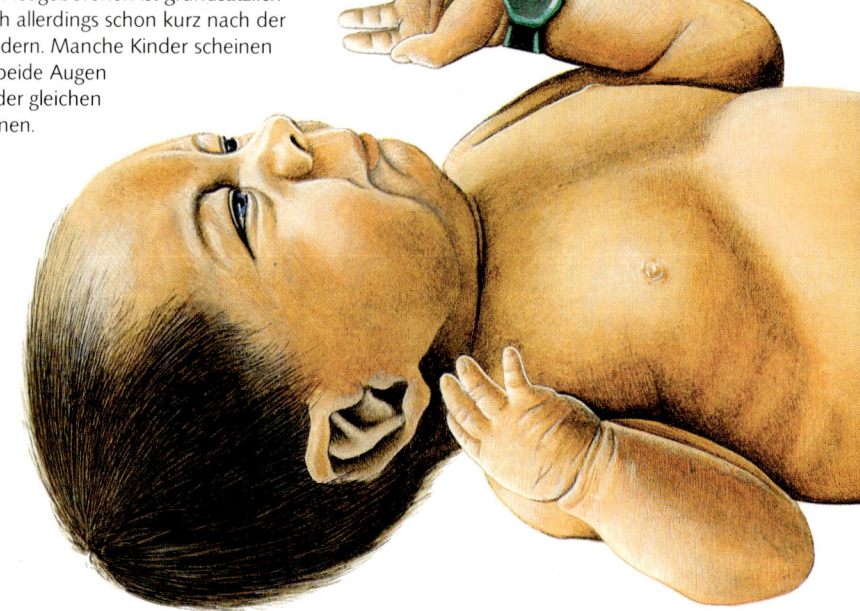

Während der ersten Zeit nach der Geburt halten viele Kinder ihre Arme und Beine noch eng an den Körper gepreßt, so wie sie es im Mutterleib gewohnt waren.

Wie erlebt ein Baby seine Geburt?

Wir haben zwar alle unsere eigene Geburt miterlebt, können uns aber trotzdem nicht daran erinnern. Deshalb können wir nur vermuten, was ein Neugeborenes bei der Geburt empfindet.
Neun Monate lang ist das Kind in einer Flüssigkeit schwimmend in der behaglichen Wärme und Dunkelheit des Mutterleibs herangewachsen. Es hat sich nicht selbst versorgen, nicht atmen und essen müssen, denn alle lebensnotwendigen Bedürfnisse wurden direkt durch die Mutter befriedigt.
Mit der Geburt wird plötzlich alles anders. Die Wände ringsherum drängen sich zusammen, quetschen und drücken das Kind und zwingen es durch einen engen Gang in eine Außenwelt, in der es völlig neuartige Erfahrungen macht. Mit einem Schlag muß sich sein ganzer Körper auf ein Leben unabhängig von der Mutter umstellen. Es muß atmen und bereits nach wenigen Stunden essen, verdauen und seine Abfallstoffe ausscheiden.
Selbst das ausgeglichenste Kind muß einen so starken Wandel in so kurzer Zeit als einen Schock empfinden. Allerdings reagiert jedes Kind ganz unterschiedlich darauf: Manche sind müde und schlafen zunächst viel, andere sind hellwach; manche sind unruhig und aufgeregt, andere heiter und zufrieden. Die meisten Leute sind inzwischen davon überzeugt, daß man jedes Neugeborene so sanft wie möglich in die Welt einführen und ihm vor allem die ersten Stunden nach der Geburt erleichtern sollte. Gedämpfte Beleuchtung, sanfte Bewegungen und eine friedliche Umgebung sollen dazu beitragen, daß das Baby die neue Welt nicht als zu beängstigend empfindet.

Manche Kinder bekommen einige Tage nach der Geburt eine leichte Gelbsucht, weil die Leber noch nicht richtig funktioniert. Diese Störung schadet allerdings meist nicht und verschwindet in der Regel ohne Behandlung von selbst.

Neugeborene Kinder leiden oft unter Ausschlägen, Pickelchen und Flekken auf der Haut. Manchmal schält sich die Haut auch nach ein paar Tagen.

Finger- und Fußnägel sind voll ausgebildet und manchmal schon bei der Geburt sehr lang, aber ganz weich.

Oben auf dem Kopf jedes Kindes befindet sich die *Fontanelle*. An dieser Stelle kann man eine Öffnung in der Schädeldecke fühlen. Da die zwei Schädelhälften nicht fest miteinander verbunden sind, können sie sich während der Geburt übereinanderschieben, damit sich der Schädel in seiner Form dem engen Geburtskanal anpassen kann. Bei manchen Kindern wirkt der Kopf deshalb nach der Geburt etwas länglich und „verdrückt" – er nimmt aber nach ein paar Tagen seine ursprüngliche, rundere Form an.

Eltern sein – ein ganz neues Gefühl

Die erste Zeit nach der Geburt eines Kindes ist äußerst aufregend für die Eltern und den Rest der Familie. Jeder einzelne muß sich erst an die Gegenwart des neuen Familienmitglieds gewöhnen. Wenn es auch noch das erste Kind ist, verändert seine Ankunft das Leben der Eltern besonders stark. Vater und Mutter zu sein und für ein Kind richtig zu sorgen, will erst gelernt werden. Viele Eltern fühlen sich zunächst etwas überfordert und schnell erschöpft.

Man lernt sich kennen

In manchen Fällen ist die Beziehung zu dem neuen Kind schnell geknüpft, und bereits wenige Stunden nach der Geburt haben die Eltern das Gefühl, daß es schon immer zu ihnen gehörte. In anderen Fällen dauert es Tage oder Wochen, bis sich eine wirklich enge Beziehung zwischen Eltern und Kind einstellt, und das Kind nicht mehr als Fremder oder sogar als Eindringling empfunden wird.

Auch der Vater sollte sich unbedingt Zeit für das Kind nehmen und mit bei der Versorgung helfen. Wenn die Beziehung zwischen Mutter und Kind besonders eng ist, könnte er sich sonst ausgeschlossen fühlen und eifersüchtig werden.

Auch Geschwister entwickeln oft Eifersucht gegenüber dem neuen Familienmitglied. Natürlich sind sie auch stolz auf ihr Geschwisterchen und aufgeregt durch all das Neue. Die Geschwister sollten in die Versorgung des neuen Kindes einbezogen werden und viel Zeit mit dem Baby verbringen.

77

Der Körper der Mutter

Es dauert nur wenige Wochen, bis sich die körperlichen Veränderungen der Mutter aus der Zeit der Schwangerschaft zurückentwickeln. Die Rückbildung beginnt in dem Augenblick, in dem die Plazenta und mit ihr der größte Teil der Schwangerschaftshormone die Gebärmutter verlassen. Diese plötzliche Veränderung im Hormonspiegel der Mutter bewirkt oft einen starken Stimmungsabfall, der zur sogenannten „Wochenbettdepression" führen kann. Wenn der Hormonspiegel sich nicht von selbst wieder einpendelt, muß er mit Medikamenten reguliert werden.

Die Gebärmutter

Ungefähr sechs Wochen nach der Geburt ist die Gebärmutter auf ihre ursprüngliche Größe zurückgeschrumpft. Diese Rückbildung wird durch immer wiederkehrende Kontraktionen, die *Nachwehen*, bewirkt. Sie werden ähnlich wie Periodenschmerzen empfunden und sind vor allem während der ersten Tage nach der Geburt spürbar.

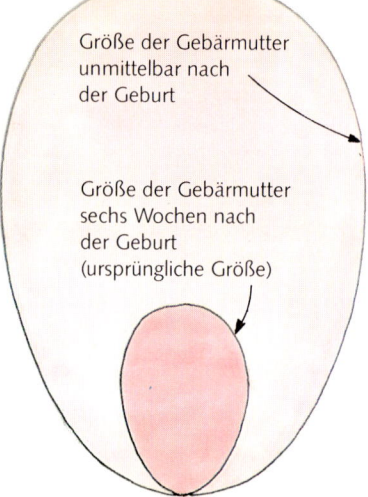

Größe der Gebärmutter unmittelbar nach der Geburt

Größe der Gebärmutter sechs Wochen nach der Geburt (ursprüngliche Größe)

Beim Schrumpfungsprozeß der Gebärmutter verliert eine Frau das zusätzliche Blut, das für die Versorgung des Kindes nötig war, zusammen mit aufgelösten Resten der Gebärmutterschleimhaut, die während der Schwangerschaft aufgebaut wurde. Es ist wie eine Periodenblutung, die allerdings fünf oder sechs Wochen lang dauern kann.

Nach der Geburt braucht jede Mutter viel Ruhe. Die Entbindung selbst, die Veränderungen in ihrem Körper und die Versorgung des neuen Kindes nehmen alle ihre Kräfte in Anspruch.

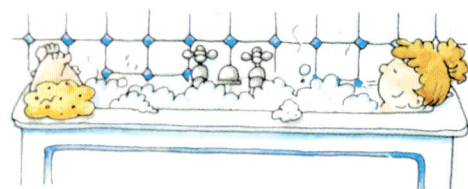

Falls ein Dammschnitt (siehe Seite 70) gemacht und genäht worden ist, kann sich eine Frau etwa eine Woche lang nur unter Schmerzen bewegen. Warme Bäder lassen die Wunde schneller heilen.

Grundsätzlich läßt sich das Gewicht, das eine Frau während der Schwangerschaft zugenommen hat, hinterher wieder abnehmen. Das kann jedoch einige Monate dauern und kostet sicher etwas Mühe und Anstrengung. Mit allgemeinen Gymnastikübungen und gezielten Übungen zur Stärkung der überdehnten Muskulatur im Rücken, am Bauch und am Beckenrand kommt der Körper rascher wieder „in Form".

Wann kommt das nächste Baby?

Normalerweise hat eine Frau während der ersten sechs Wochen nach der Geburt noch keinen Eisprung. Danach muß sie allerdings damit rechnen, daß sie bei Geschlechtsverkehr ohne Verhütungsmaßnahmen wieder schwanger werden kann. Es gibt aber auch Fälle, in denen der Eisprung erst Monate nach der Geburt wieder einsetzt. Vor allem bei stillenden Müttern hat man diese Verschiebung häufig festgestellt; darauf sollte sich aber niemand verlassen und Stillen als „Verhütungsmittel" ansehen.

Ein Baby bringt neue Aufgaben

Ein neugeborenes Kind in der Familie kostet die Eltern häufig so viel Zeit, daß sie sich über jede Hilfe im Haushalt oder bei der Pflege des Kindes freuen. Du könntest z. B. einkaufen gehen, saubermachen, Wäsche waschen oder kochen. Vielleicht darfst du das Kind auch schon mit versorgen. Im folgenden wird beschrieben, wie ein Neugeborenes gewöhnlich seine Zeit verbringt. Allerdings gibt es dafür keine absolut gültigen Regeln: Jedes Kind hat seinen eigenen Rhythmus beim Schlafen, Spielen und Wachsein. Auf den nächsten zwei Seiten findest du Tips für die Versorgung eines Babys. Mach aber nie irgend etwas mit einem Kind, ohne dazu die genauen Vorstellungen der Eltern zu kennen.

Die meisten Säuglinge schlafen während der ersten drei Monate etwa vierzehn bis achtzehn Stunden am Tag. Nach ein paar Stunden Schlaf wachen sie auf und verlangen nach Essen. Nach dem Füttern und Wickeln schlafen sie wieder ein. Je älter sie werden, desto eher können sie ihre Schlafzeiten auf die Nacht verlegen.

Ein Neugeborenes kann seine Bedürfnisse zunächst nur durch Schreien ausdrücken: Ob es Hunger oder Bauchweh hat, das Kind muß schreien, um mitzuteilen, daß irgend etwas nicht in Ordnung ist. Vor allem während der ersten Wochen schreit ein Baby deshalb häufig. Außer Schreien kann es nur kleine Quietsch- oder Glückslaute von sich geben.

Die meisten Neugeborenen brauchen etwa alle drei bis vier Stunden eine Mahlzeit, manche auch häufiger. Zunächst genügt ihnen Muttermilch oder Flaschenmilch (siehe Seite 82 bis 85). Der Saug- und Schluckreflex ist ihnen angeboren.

Ein Neugeborenes kann kaum gezielte Bewegungen ausführen. Es gibt aber angeborene Reflexe, die bei jedem gesunden Kind funktionieren: Es kann seinen Kopf drehen, mit den Fingern greifen und schrittartige Beinbewegungen machen, wenn es hochgehoben wird. Diese Reflexe verschwinden innerhalb weniger Monate; alle bewußten Handlungen werden später gelernt.

Jedes gesunde Kind benutzt von Geburt an seine fünf Sinne zur Erkundung der Umwelt. Es nimmt sie also durch Augen, Ohren und Nase, mit Zunge, Lippen und Händen wahr. Ein klares Bild erhält es zunächst nur von Gegenständen, die nicht weiter als etwa zwanzig Zentimeter von den Augen entfernt sind. Alles übrige wird nur verschwommen wahrgenommen. Es dauert einige Wochen, bis sich die Augen des Babys auf nähere und weitere Entfernungen einstellen können.

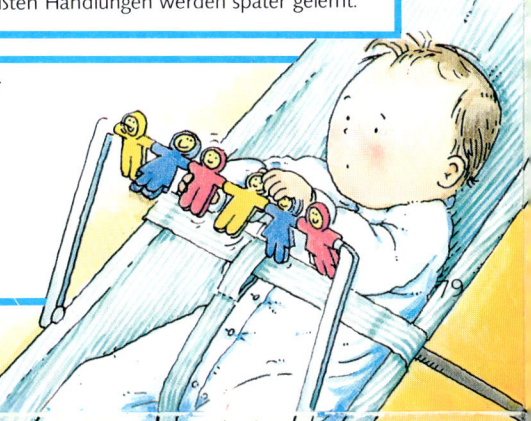

Was kannst du tun, wenn ein Baby schreit?

Babys schreien und weinen zwar unterschiedlich, je nach dem Bedürfnis, das sie damit ausdrücken wollen, aber es ist selbst für die Eltern schwer, das Weinen immer richtig zu deuten. Wenn ein Baby weint, während du dich mit ihm beschäftigst, könnte das einen der folgenden Gründe haben:

1. Vielleicht ist es hungrig – wann wurde es das letzte Mal gefüttert?
2. Vielleicht muß es neu gewickelt werden.
3. Vielleicht hat es beim Trinken Luft geschluckt (siehe Seite 85).

4. Vielleicht friert oder schwitzt es. Das kannst du feststellen, indem du mit dem Finger an seinem Nacken fühlst.
5. Vielleicht langweilt es sich, fühlt sich einsam und möchte gern Gesellschaft haben.
6. Vielleicht ist es müde und kann nicht einschlafen (siehe nächste Seite).

Wie man ein Baby bei Laune hält

Wenn ein Säugling ganz offensichtlich weder müde noch hungrig ist und sich auch sonst körperlich wohl zu fühlen scheint, könntest du ihn auf eine der folgenden Weisen bei Laune halten:

1. Gib ihm etwas zum Anschauen. Säuglinge mögen gern Dinge, die bunt sind oder sich bewegen, vor allem aber mögen sie Gesichter.

2. Sprich mit ihm, sing oder spiel ihm etwas vor. Die meisten Säuglinge hören gern Musik und rhythmische Töne, und manche bewegen sogar Arme und Beine im Takt dazu.

3. Nimm es auf den Arm; das mögen alle Babys gern. Beim Hochheben hältst du es mit einer Hand unter dem Po und mit der anderen stützt du seinen Kopf von hinten. Das ist unbedingt erforderlich, weil das Baby den Kopf noch nicht selbst halten kann. Wenn du ein Kind auf dem Arm hast, halte es gerade und laß es über deine Schulter schauen. Du kannst es auch in deinen Armen wie in einer Wiege tragen. Dabei wird der Kopf durch deinen Arm gestützt.

4. Schaukle es sanft hin und her, denn die meisten Kinder genießen diese Bewegung. Dabei kannst du mit dem Kind auf dem Arm langsam auf und ab gehen und es in deinen Armen wiegen oder im Kinderwagen hin und her schieben.

5. Die Saugbewegung macht ein Kind nicht nur beim Trinken, sie tröstet es auch und tut ihm gut. Viele Kinder saugen, auch wenn sie keinen Hunger haben, entweder am Schnuller, am Daumen oder an anderen Fingern.

Wenn das Baby schlafen soll

Manche Babys schlafen schnell ein, wenn sie müde sind. Andere tun sich schwer und brauchen vor allem zu gewissen Tageszeiten Hilfe dabei. Nuckeln, eine leicht schaukelnde Bewegung oder sanfte Hintergrundmusik können dem Kind beim Entspannen und Einschlafen helfen.

Es kommt vor, daß ein Säugling durch die unwillkürlichen Zuckungen seines Körpers während der Einschlafphase immer wieder aufwacht. In diesem Fall kann man das Kind fest in ein Tuch einwickeln, so daß Arme und Beine keinen Spielraum für störende Reflexbewegungen haben. Die Arme sollten am Körper anliegen, die Hände aber zum Lutschen in Reichweite des Mundes sein.

Manche Kinder werden zum Schlafen auf den Bauch, andere auf den Rücken oder auf die Seite gelegt. Einige Kinder gewöhnen sich so sehr an eine bestimmte Schlaflage, daß sie in keiner anderen Stellung mehr einschlafen können. Sie können diese Stellung aber nicht selbst einnehmen, weil sie sich noch nicht umdrehen können.

Wie du den Säugling badest

Es ist gar nicht so leicht, ein Baby in der Badewanne festzuhalten, vor allem wenn es nicht gerne badet, und sich strampelnd aus deinen Armen winden will. Am besten legst du schon vorher alles, was du beim Baden brauchst, in Reichweite zurecht. Es gibt Eltern, die ihre Kinder jeden Tag baden, andere baden sie nur alle paar Tage, waschen ihnen aber täglich Gesicht, Hände und Po. Der Rest des Körpers wird noch nicht so schmutzig, solange das Kind nicht krabbeln kann.
Eine normale Badewanne liegt zu tief unten, als daß man ein Kind bequem darin baden könnte. Es gibt aber praktische Babybadewannen mit Gestell, dessen Höhe man verstellen kann. Man kann aber auch ein breites Brett quer über die Badewanne legen und und die Babywanne daraufstellen. Das Brett muß aber unbedingt vor dem Verrutschen gesichert werden!

1. Wenn die Wanne nicht unter einem Wasserhahn steht, mußt du sie vorher füllen. Nimm immer zuerst kaltes Wasser und anschließend heißes. Wenn du es umgekehrt machst, könnte sich das Kunststoffmaterial der Wanne durch das heiße Wasser erhitzen und das Kind verbrennen.

2. Das Badewasser sollte 37 Grad Celsius (Körpertemperatur) warm sein. Wenn du kein Badethermometer hast, kannst du die Wärme mit dem Ellenbogen prüfen. (Hände sind nämlich eher an heißeres Wasser gewöhnt als der Rest des Körpers.) Auch im Badezimmer selbst sollte es warm sein.

3. Alles, was du sonst brauchst, legst du vorher zurecht:
Babyseife oder Babybad
Waschlappen oder Watte
Handtuch
Frische Kleidung
Frische Windel mit Zubehör

81

Wie ein Baby ernährt wird

Während der ersten Monate ihres Lebens brauchen Säuglinge nur Milch; entweder Muttermilch oder spezielle Flaschenmilch. Ganz allmählich gewöhnen sie sich auch an feste Nahrung neben der Milch, und mit einem Jahr können sie fast alles essen, was auch wir essen.

Was beim Stillen in der Brust geschieht

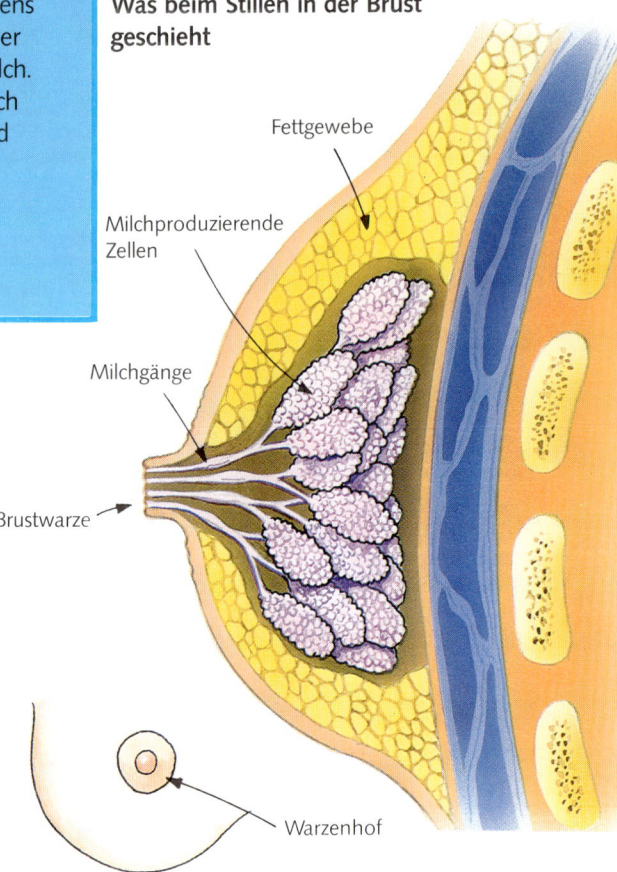

Fettgewebe

Milchproduzierende Zellen

Milchgänge

Brustwarze

Warzenhof

Der bräunlich gefärbte Ring um die Brustwarze ist der *Warzenhof*. Die winzigen Knötchen im Warzenhof sind Drüsen, die beim Stillen eine Flüssigkeit absondern, die die Warzen weich und geschmeidig erhält.

1

Der Mensch gehört zu den Säugetieren, das heißt er erzeugt Milch zur Ernährung seiner Kinder. Die Milchproduktion ist der Hauptzweck der weiblichen Brüste. Zellen für die Milchproduktion befinden sich in jeder weiblichen Brust. Sie werden aber erst aufgrund der verstärkten Ausschüttung von Hormonen in der Schwangerschaft aktiv. Zunächst wird die Milchproduktion durch die Bildung der Vormilch (siehe Seite 60) eingeleitet. Mit der Geburt des Kindes wird schließlich die Produktion der eigentlichen Muttermilch ausgelöst. Die Hormone werden in Drüsen erzeugt und mit dem Blut im ganzen Körper verteilt. Die wichtigsten Hormone für die Auslösung der Milchproduktion stammen aus der *Hypophyse* (Hirnanhangdrüse).

Warum Stillen gut ist

Alle Nährstoffe, die ein Säugling braucht, sind in der Muttermilch genau in der richtigen Zusammensetzung und in der richtigen Temperatur enthalten. Muttermilch ist leicht verdaulich und enthält *Antikörper*, die Krankheitskeime bekämpfen und Infektionen verhindern. Durch das Stillen kann sich außerdem ein besonders enges Verhältnis zwischen Mutter und Kind entwickeln.

Warum manche Mütter nicht stillen

Die Fähigkeit zu stillen, ist psychisch (gefühlsmäßig) beeinflußbar. Ob eine Frau das Stillen grundsätzlich ablehnt, hängt vielfach von der Haltung des Partners, der übrigen Familie und der Freunde ab. Manche Frauen lassen sich durch Anfangsschwierigkeiten wie schmerzende Brüste vom Stillen abhalten. Es gibt auch medizinische Gründe, nicht zu Stillen, etwa wenn eine Mutter nach der Geburt bestimmte Medikamente einnehmen muß.

Jede Brust enthält Zellen für die Milchproduktion. Sie sind durch Gänge mit der Öffnung der Brustwarze verbunden. Die milchproduzierenden Zellen sind von Muskelgewebe umgeben und mit Fettschichten bedeckt, die der Brust ihre individuelle Größe und Form verleihen. Da das Fettgewebe für die Milchproduktion keine Rolle spielt, kann eine Frau mit kleinen Brüsten genausogut stillen wie eine Frau mit großen Brüsten.

Während der Schwangerschaft erhöht sich die Zahl der Milchgänge, und die milchproduzierenden Zellen ersetzen einen Teil des Fettgewebes. Gleichzeitig werden die Brüste stärker durchblutet. Die Veränderung des Hormonspiegels nach der Geburt signalisiert den Brüsten, daß sie mit der Produktion von Milch beginnen sollen. Sie wird daraufhin aus bestimmten Stoffen im Blut gebildet und in die Milchgänge geleitet.

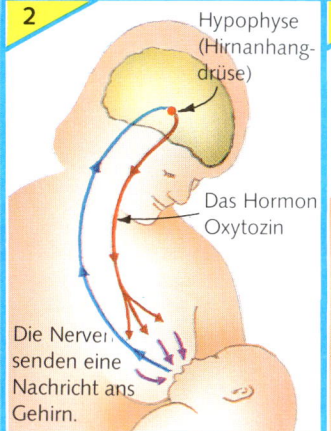

2 Hypophyse (Hirnanhangdrüse)

Das Hormon Oxytozin

Die Nerven senden eine Nachricht ans Gehirn.

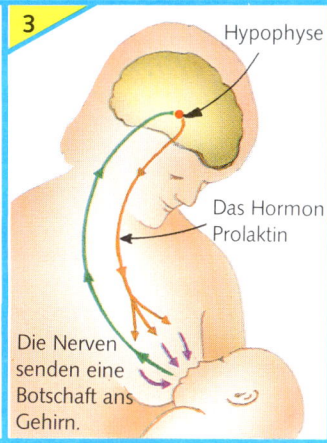

3 Hypophyse

Das Hormon Prolaktin

Die Nerven senden eine Botschaft ans Gehirn.

Ein Säugling, der an der Brust der Mutter saugt, regt damit besonders empfindliche Nervenenden in der Brustwarze an. Diese senden daraufhin Nachrichten ans Gehirn. Von dort ergeht die Anweisung an die Hypophyse, das Hormon Oxytozin zu produzieren. Es bewirkt, daß sich das Muskelgewebe rund um die milchproduzierenden Zellen und um die Milchkanäle zusammenzieht und die Milch durch die Kanäle aus der Brustwarze preßt. Dieser Reflex funktioniert nur, wenn die Mutter ruhig und gelassen ist.

Durch die Saugbewegung des Kindes wird auf dem oben beschriebenen Weg ein weiteres Hormon in der Hypophyse erzeugt, nämlich das Prolaktin. Durch dieses Hormon erhalten die Brüste die Aufforderung zu erhöhter Milchproduktion. Je mehr das Kind also saugt, desto mehr Milch wird produziert. Will eine Mutter ihr Kind *abstillen* (mit dem Stillen aufhören), dann kürzt sie ganz allmählich die Stillzeiten und senkt damit automatisch auch die Höhe der Milchproduktion.

Was eine stillende Mutter beachten muß

Während der Stillzeit muß eine Mutter außerordentlich viel nahrhafte Kost zu sich nehmen. Stillen verbraucht etwa 600 bis 800 zusätzliche Kalorien (2 500 bis 3 400 Kilojoule) am Tag. Außerdem muß sie viel trinken und soviel wie möglich ruhen.
Wenn sie diese Grundregeln nicht beachtet, reicht die Milch nicht für das Kind, und sie selbst wird ganz schwach. Alles, was die Mutter während der Stillzeit ißt, kann Geschmack und Gehalt der Muttermilch verändern. Es gibt keine Nahrungsmittel, die sie grundsätzlich meiden sollte, aber es gibt Stoffe, die dem Kind schaden könnten. Dazu gehört Alkohol, der auf dem Weg über die Milch an das Kind weitergegeben wird. Auch Nikotin und Medikamente gelangen über die Milch in den Körper des Säuglings und können ihn schädigen.

Die Ernährung mit der Flasche

Die Zubereitung der Milch und das Reinigen und Sterilisieren (keimfrei machen) der Flaschen und Sauger ist eine recht aufwendige Angelegenheit. Diese Aufgabe könntest du übernehmen. Vielleicht darfst du das Kind auch selbst füttern. Grundsätzlich solltest du dich immer an das halten, was die Eltern dazu sagen, aber ein paar nützliche Tips findest du schon hier.

Sterilisieren

Wir alle sind ständig von Krankheitskeimen umgeben, an die sich unser Körper aber längst gewöhnt hat und die uns deswegen in der Regel nichts mehr anhaben können. Das Abwehrsystem eines Neugeborenen ist dagegen noch nicht voll entwickelt; folglich müssen solche Keime unbedingt vom Kind ferngehalten werden. Milch, vor allem in erwärmtem Zustand, ist ein idealer Nährboden für Krankheitserreger. Daher muß alles, was mit der Milch oder dem Mund des Kindes in Berührung kommt, absolut steril, also keimfrei sein. Die bereits gereinigten Flaschen und Sauger können auf zweierlei Weisen sterilisiert werden.

1. Flaschen und Sauger werden in einen Topf mit Wasser gelegt und zehn Minuten lang gekocht. Diese Methode läßt sich natürlich nur bei Glasflaschen anwenden!

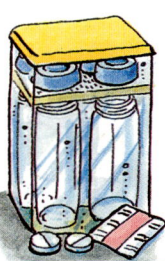

2. Flaschen und Sauger werden in einer chemischen Sterilisierlösung aufbewahrt. Die Lösung läßt sich mit Tabletten oder Flüssigkeiten herstellen und wird je nach Anweisung in Wasser aufgelöst oder dem Wasser zugesetzt. Die Flaschen müssen mindestens eine Stunde lang in dieser Lösung liegen, um nachher völlig keimfrei zu sein.

Einige grundsätzliche Regeln zur Bekämpfung von Krankheitserregern lauten:
★ Immer erst die Hände waschen, bevor du eine Flasche oder eine andere Nahrung zubereitest.
★ Alles Wasser, das das Kind in irgendeiner Form zu trinken bekommt oder das zur Zubereitung des Essens gebraucht wird, muß vorher abgekocht und dann abgekühlt werden.
★ Angerührte Babynahrung muß entweder sofort verzehrt oder im Kühlschrank aufbewahrt werden. Bei Zimmertemperatur vermehren sich die Krankheitskeime in der Milch sehr rasch.

Milch in Flaschen

Während der ersten sechs Lebensmonate verträgt ein Baby noch keine Kuhmilch, weil sie zu schwer verdaulich und zu fetthaltig ist. Dafür gibt es mehrere Arten fertiger Säuglingsnahrung, meistens in Form von Milchpulver, das in gelöstem Zustand weitgehend der Muttermilch entspricht.

Wie man ein Baby füttert

Zunächst prüfst du die Temperatur der Milch. Du tropfst dir etwas Milch auf die Innenseite deines Handgelenks. Die Milch sollte sich lauwarm anfühlen. Auch kalte Milch wäre nicht schädlich, aber ein Säugling trinkt gewöhnlich lieber angewärmte Milch. Eine zu kalte Flasche sollte zum Aufwärmen in eine Schüssel mit heißem Wasser gestellt werden, zu heiße Milch zum Abkühlen in den Kühlschrank.

Bevor du mit dem Füttern beginnst, suchst du dir einen bequemen Platz auf einem Stuhl mit Armlehnen oder auf einem Sofa, so daß der Kopf des Kindes auf deinem linken Arm oder in deiner linken Armbeuge liegt. Wenn die Armlehne zu niedrig ist, polsterst du sie mit Kissen.

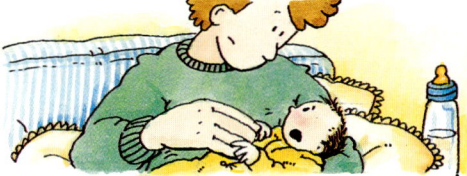

Um den Hals des Kindes legst du ein Tuch, mit dem du ihm von Zeit zu Zeit das Kinn abwischen kannst.

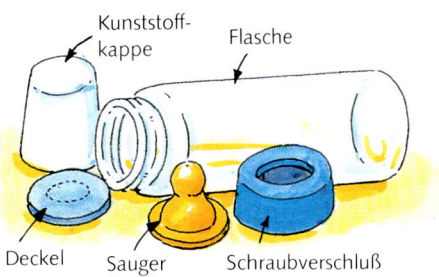

Kunststoff-kappe — Flasche

Deckel — Sauger — Schraubverschluß

Trockenmilch muß nach den Angaben auf der Pakkung in gekochtem Wasser aufgelöst werden. Diese Anweisungen sind unbedingt genau zu befolgen, weil beispielsweise zu dicke Milch einem Kind schadet.

Babyflaschen gibt es aus Glas oder Kunststoff. Sie haben in der Regel einen Gummisauger, der mit einem ringförmigen Schraubverschluß auf die Flasche aufgesetzt wird. Wenn die Milch nur aufbewahrt und nicht getrunken werden soll, wird die Flasche mit einem Plastikdeckel unter dem Schraubverschluß verschlossen. Über den Gummisauger kann eine becherförmige Kunststoffkappe gestülpt werden.

Berühre kurz die dir zugewandte Wange des Babys. Es wird seinen Kopf zum Sauger hin drehen.

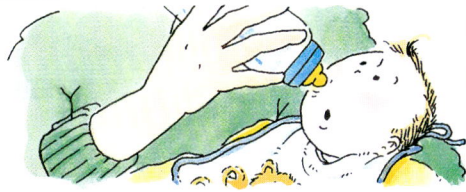

Wenn du die Lippen des Babys mit dem Sauger berührst, nimmt es ihn gierig in den Mund und fängt an zu saugen. Achte darauf, daß der Sauger tief genug im Mund steckt und daß er immer voll Milch ist, damit das Kind nicht zugleich Luft einsaugt.

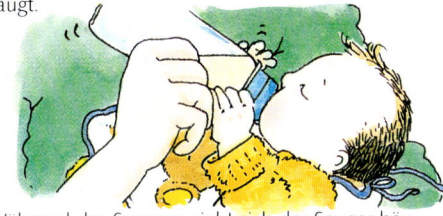

Während des Saugens zieht sich der Sauger häufig zusammen. Dadurch gelangt keine Milch mehr durch die Öffnung. Zieh den Sauger sanft aus dem Mund des Babys, so daß Luft durch die Öffnung eindringen und er sich wieder mit Milch füllen kann.

Manche Kinder müssen sich während der Mahlzeit ausruhen. Sie hören auf zu trinken und lassen die Flasche los. Andere bekommen leicht Blähungen, die sie erst loswerden müssen, bevor sie weitertrinken können. Will ein Kind auch dann nichts mehr trinken, so hat es genug.

Blähungen

Die meisten Säuglinge schlucken mit der Milch etwas Luft, die in den Magen gelangt und dort ein unangenehmes, manchmal schmerzhaftes Völlegefühl auslöst. Diese Luft muß wieder ausgestoßen werden. Du kannst dem Kind dabei helfen, indem du es senkrecht hältst, so daß die Milch nach unten sinkt und die Luft nach oben entweichen kann.

Hat das Kind auch in dieser Stellung nach ein bis zwei Minuten immer noch nicht aufgestoßen („sein Bäuerchen gemacht"), dann kannst du ihm sanft auf den Rücken klopfen. Stößt es immer noch nicht auf, so hat es vielleicht keine Luft geschluckt.

Spucken

Befindet sich im Magen unterhalb der Milch Luft, dann spukken manche Kinder beim Aufstoßen etwas Milch mit aus. Dasselbe geschieht, wenn das Kind mehr getrunken hat, als der Körper fassen kann. Beides ist aber kein Grund zur Besorgnis.

Schluckauf

Vor allem nach dem Essen bekommen viele Säuglinge einen Schluckauf, der sie aber nicht weiter zu stören scheint und ihnen auch nicht schadet.

Windeln

Beim Wickeln kannst du den Eltern sehr gut helfen. Ein Neugeborenes muß am Tag etwa sechs- bis achtmal gewickelt werden. Normalerweise wird ein Kind erst zwischen zwei und vier Jahren sauber, und Wickeln bleibt deshalb eine Hauptbeschäftigung der Eltern während der ersten Lebensjahre des Kindes. Gewöhnlich wird die Windel vor oder nach jeder Mahlzeit gewechselt und darüber hinaus immer dann, wenn sie sich naß oder voll anfühlt. Im Laufe der Zeit entwickelt jeder seine eigene Wickelmethode. Du solltest den Eltern unbedingt erst ein paarmal dabei zuschauen, bevor du dich selbst ans Wickeln machst. Hier findest du einige allgemeingültige Ratschläge.

Verschiedene Arten von Windeln

Es gibt zwei Arten von Windeln: waschbare Baumwollwindeln und Papierwindeln zum Wegwerfen.

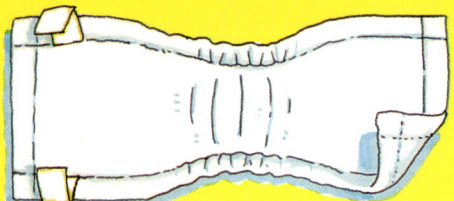 

Wegwerfwindeln bestehen aus saugfähigem Zellstoff, der auf der Außenseite mit einer Plastikfolie überzogen ist. Sie haben heutzutage meist einen Klebeverschluß, so daß sie von selbst halten (Höschenwindeln). Windeln ohne Folienbezug und Klebeverschluß müssen in einem Gummihöschen getragen werden.

Waschbare Windeln sind aus einem dreieckigen oder quadratischen Baumwolltuch. Quadratische Windeln müssen vor der Verwendung zu einem Dreieck gefaltet werden. Sie werden durch besondere Sicherheitsnadeln mit einem Sicherheitsverschluß aus Kunststoff zusammengehalten.

So wird ein Baby gewickelt

Vor dem Wickeln mußt du dir unbedingt alles Nötige in Reichweite legen, weil du das Kind auf dem Wickeltisch nie allein lassen darfst! Zum Wickeln brauchst du:
1. Ein Frotteetuch oder eine Kunststoffunterlage, auf die du das Kind beim Wickeln legst.
2. Watte und Öl oder einen Waschlappen und eine Schüssel mit warmem Wasser, um den Po des Kindes sauber zu machen.
3. Creme zum Einreiben nach dem Saubermachen.
4. Eine frische Windel mit einer Windeleinlage und eventuell ein Gummihöschen. Wenn du eine Stoffwindel verwendest, solltest du sie schon vorher falten und die Sicherheitsnadeln bereitlegen.
5. Einen Eimer für die schmutzige Windel.
6. Frische Kleidung, falls die alte naß oder schmutzig geworden ist.

Zum Wickeln kannst du das Kind quer über deinen Schoß legen, aber sicherer ist es, wenn du es auf ein Wickelkissen oder Handtuch auf eine ebene Unterlage wie einen Wickeltisch legst. Am sichersten ist allerdings der Fußboden, natürlich mit weicher Unterlage.

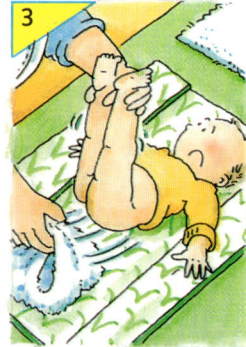

Zum Wechseln der Windel hebst du das Kind mit einer Hand an beiden Beinen gleichzeitig hoch, wobei du einen Finger zwischen die Knöchel klemmst. Mit der anderen Hand ziehst du die schmutzige Windel unter dem Po heraus.

Windeleinlagen

Windeleinlagen sind meist viereckige Zellstofftücher, die nach Gebrauch weggeworfen werden. Man legt sie in Stoffwindeln ein, damit der gröbste Schmutz darin hängen bleibt. Es gibt jedoch auch waschbare Windeleinlagen, die die Nässe durchlassen, so daß das Kind verhältnismäßig trocken liegt.

Windelhöschen

Windelhöschen aus Kunststoff kann man zusätzlich zu jeder Art von Windeln verwenden. Manche schließen mit einem Gummiband am Bauch und an den Oberschenkeln ab und können einfach übergezogen werden. Andere haben Druckknöpfe an der Seite oder zwischen den Beinen, und wieder andere, die Wickelfolien, sind aus so dünnem, weichem Material, daß man die Enden seitlich über den Hüften, über dem Bauch oder hinten zusammenknoten kann.

Wie man eine Windel faltet

Es gibt verschiedene Möglichkeiten, eine Windel zu falten. Je nach Alter, Geschlecht oder Temperament eines Babys kannst du die eine oder die andere Art wählen. Drei mögliche Arten werden hier vorgestellt.

1. Dreieck   **2. Drachen**   **3. Rechteck**

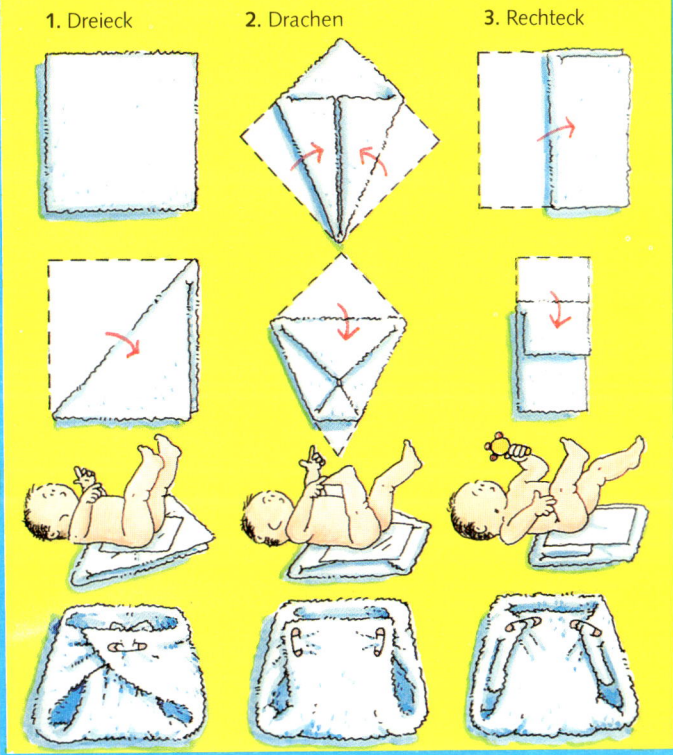

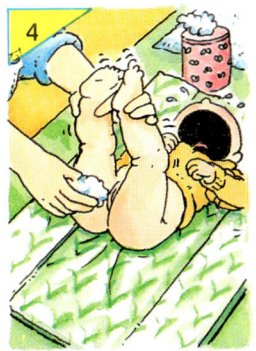

Wisch den Po des Kindes mit Watte ab und reinige ihn sorgfältig mit Öl oder warmem Wasser. Falls du Wasser verwendet hast, mußt du den Po sorgfältig abtrocknen.

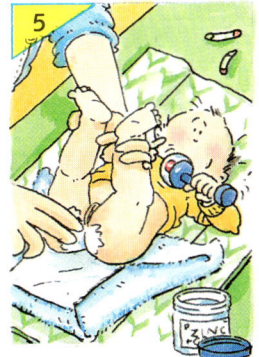

5

Leg nun die frische Windel in der richtigen Lage unter das Kind und creme in dieser Stellung den Po ein. Die Creme bildet eine Schutzschicht, so daß der Po nicht durch die dauernde Nässe wund wird.

6

Zieh nun den vorderen Teil der Windel durch die Oberschenkel nach oben und verbinde ihn mit den beiden Enden, die du von hinten über die Hüften gelegt hast. Wenn du Wegwerfwindeln mit Klebeverschluß verwendest, paß auf, daß du keine Fettcreme auf die Klebestellen bringst, sonst halten sie nicht mehr. Wenn du eine Stoffwindel mit Sicherheitsnadeln befestigst, dann halte immer eine Hand zwischen die Spitze der Sicherheitsnadel und die Haut des Kindes, so daß du es ganz bestimmt nicht stichst.

7

Nach dem Wickeln mußt du dir immer die Hände waschen.

87

Wie Babys wachsen und lernen

Das Neugeborene hat noch wenig Kontrolle über seinen Körper, aber während des ersten Lebensjahres lernt es bald, die einzelnen Teile des Körpers bewußt und willkürlich zu bewegen. Diese Körperkontrolle entwickelt sich von oben nach unten, das heißt sie beginnt beim Kopf und endet bei Händen und Füßen. Jedes Kind hat seine ganz eigene Entwicklung. Die Tatsache, daß ein Kind frühzeitig irgendeine Fertigkeit erlernt, scheint wenig über spätere Fähigkeiten auf diesem Gebiet auszusagen. Das jeweilige Alter, das im folgenden für einen bestimmten Entwicklungsstand angegeben ist, darf daher nur als Durchschnittsangabe angesehen werden, von der jedes Kind weit abweichen kann. Grundsätzlich durchlaufen alle Kinder dieselben Entwicklungsstadien in derselben Reihenfolge. Wenn du ein Kleinkind kennst, kannst du mit den folgenden Zuordnungen feststellen, in welchem Stadium es sich gerade befindet.

Kopf heben

Nach der Geburt
Hebst du ein Baby hoch, so kippt der Kopf in den Nacken, weil die Muskulatur ihn noch nicht stützen kann. Liegt es auf dem Bauch, kann es den Kopf nur so weit heben, daß es zur Seite schauen kann.

Mit sechs Wochen
Wenn das Kind auf dem Rücken liegt, kann es den Kopf hin- und herbewegen. Liegt es auf dem Bauch, kann es den Kopf ein paar Sekunden lang heben.

Mit drei Monaten
In der Bauchlage kann das Kind den Kopf zusammen mit den Schultern heben. Wird es hochgehoben, bleibt der Kopf auch ohne ihn zu stützen, aufrecht.

Mit sechs Monaten
Das Kind kann den Kopf aus der Rückenlage heben.

Hände benutzen

Mit drei Monaten
Das Kind hat seine Hände „entdeckt": Es spielt mit ihnen, schaut sie aufmerksam an, kann für kurze Zeit Gegenstände festhalten, die du zwischen seine Finger legst, und beginnt sogar schon, nach Dingen zu greifen.

Mit sechs Monaten
Das Kind faßt alles an, untersucht Gegenstände, greift nach Dingen, hält sie mit beiden Händen fest und kann sie von einer Hand in die andere nehmen.

Mit sieben Monaten
Das Kind kann Gegenstände mit nur einer Hand aufheben, indem es die Hand wie eine Schaufel hält. Es hält dir einen Gegenstand zwar hin, weiß aber nicht, wie es ihn loslassen soll.

Mit neun Monaten
Das Kind lernt, jeden einzelnen Finger getrennt zu benutzen und mit einem Finger auf Dinge zu zeigen.

Mit elf Monaten
Das Kind lernt, Gegenstände zwischen dem Daumen und den übrigen Fingern zu halten und sehr kleine Gegenstände aufzuheben.

Mit zwölf Monaten
Das Kind lernt, Dinge loszulassen, indem es die Hand bewußt öffnet.

Umdrehen

Nach der Geburt
Das Kind hat noch die zusammengekauerte Haltung des Fetus.

Mit drei Monaten
Der Körper hat sich gestreckt, das Kind kann sich vom Rücken auf die Seite und zurück auf den Rücken rollen.

Mit vier Monaten
Das Kind lernt, sich vom Bauch auf den Rücken und wieder zurück zu drehen.

Mit sechs Monaten
Das Kind lernt, sich vom Rücken auf den Bauch zu drehen.

Mit acht Monaten
Manche Kinder bewegen sich durch Rollen vorwärts.

Sitzen

Nach der Geburt
Du kannst ein Kind in diesem Alter nicht hinsetzen. Sein Rücken würde in sich zusammensinken und der Kopf nach vorn auf die Knie fallen.

Mit sechs Wochen
Das Kind kann durch Kissen oder durch die Lehne eines Kinderstühlchens gestützt, eine sitzende Haltung einnehmen.

Mit vier Monaten
Wenn man die Arme des Kindes stützt, kann es sitzen.

Mit sechs Monaten
Das Kind kann ein paar Sekunden lang ohne Hilfe sitzen, verliert aber wieder das Gleichgewicht; der untere Teil des Rückgrats ist noch gekrümmt.

Mit sieben Monaten
Das Kind kann sitzen, wenn es sich mit den Händen abstützt.

Mit acht Monaten
Wenn das Kind sich ruhig hält, kann es ohne Hilfe sitzen.

Mit neun Monaten
Das Kind kann sich nach vorn lehnen, seinen Oberkörper seitwärts und nach hinten drehen. Manche Kinder bewegen sich dadurch fort, daß sie auf dem Po über den Boden rutschen.

Mit zwölf Monaten
Das Kind lernt sich hinzulegen, indem es den Fall durch eine seitliche Drehung auffängt.

Krabbeln

Mit vier Monaten
Das Kind kann Kopf und Schultern heben, indem es das Gewicht auf Arme und Hände verlagert.

Mit fünf Monaten
Das Kind hebt in der Bauchlage Oberkörper und Beine und macht Schwimmbewegungen.

Mit sechs Monaten
Das Kind zieht die Knie unter den Körper und nimmt die Krabbelstellung ein.

Mit acht Monaten
Das Kind schaukelt vor und zurück, dreht sich um die eigene Achse, kommt aber noch nicht richtig vom Fleck.

Mit neun Monaten
Das Kind lernt, Arm- und Beinbewegungen aufeinander abzustimmen, um sich vorwärts oder rückwärts zu bewegen. Viele Kinder krabbeln erst rückwärts, weil sie ihre Arme besser unter Kontrolle haben als ihre Beine.

Stehen und gehen

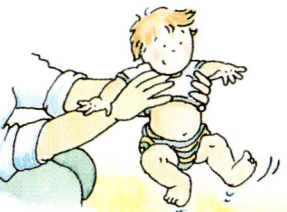

Mit sechs Monaten
Wenn du das Kind hoch hältst und seine Füße eine feste Fläche berühren, hopst es auf und ab. Dabei beugt und streckt es die Beine. Dann hopst es von einem Bein aufs andere und setzt später einen Fuß vor den anderen.

Mit zehn Monaten
Das Kind kann allein stehen, hält aber nicht das Gleichgewicht. Es muß sich an Möbelstücken oder Menschen festhalten, um sich aus sitzender oder knieender Stellung zum Stehen hochzuziehen. Zunächst kann es sich nur mit Hilfe wieder hinsetzen.

Mit elf Monaten
Das Kind geht nun an zwei Händen.

Mit zwölf Monaten
Das Kind geht seitwärts, indem es sich an Möbelstücken festhält.

Mit dreizehn Monaten
Das Kind kann allein stehen und ganz kurze Strecken auch schon selbständig gehen.

Mit fünfzehn Monaten
Jetzt geht das Kind kürzere Strecken schon ganz sicher.

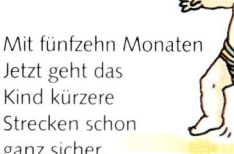

89

Wie Kinder wachsen

Obwohl Kinder derselben Altersstufe in Größe und Gewicht stark voneinander abweichen können, gilt doch grundsätzlich, daß jedes Kind während der ersten zwei Lebensjahre enorm wächst. Wie schnell und wie sehr es wächst, hängt größtenteils von seinen Erbanlagen ab.

Während der ersten Lebenswoche verliert das Kind zunächst an Gewicht, und erst mit zehn Tagen erlangt es sein Geburtsgewicht wieder. Ein durchschnittlich großes Kind wiegt mit einem halben Jahr etwa doppelt soviel und mit einem Jahr etwa dreimal soviel wie bei der Geburt.

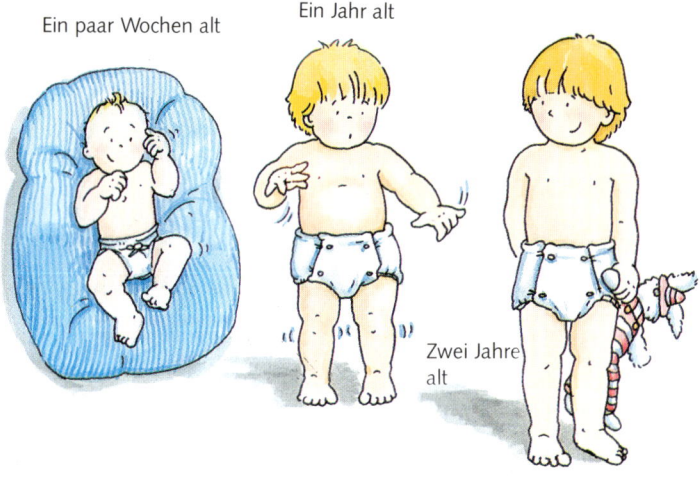

Ein paar Wochen alt

Ein Jahr alt

Zwei Jahre alt

Die Größenverhältnisse des Körpers verändern sich zwar während der ganzen Kindheit und auch noch während der Pubertät, aber am augenfälligsten ist eine Verschiebung der Proportionen während der ersten zwei Lebensjahre. Im ersten Jahr wächst der Kopf des Kindes weniger als der übrige Körper, obwohl auch der Kopf immer noch gewaltig an Größe zunimmt. Arme und Beine wachsen schneller als der Rumpf. Im zweiten Lebensjahr streckt sich der Körper, der „Babyspeck" verschwindet, das Muskelgewebe wird fester, und das ganze Kind wirkt weniger weich und rund.

Nach einem Jahr ist ein Kind ungefähr eineinhalbmal so groß wie bei seiner Geburt. Ein Mädchen von achtzehn Monaten hat bereits die Hälfte seiner Erwachsenengröße erreicht. Jungen erlangen diese Größe mit ungefähr zwei Jahren.

Die Zähne

Bei den meisten Kindern sind bei der Geburt noch keine Zahnansätze durch das Zahnfleisch hindurch erkennbar. Der erste Zahn kommt oft nach einem halben Jahr, manchmal aber auch erst viel später. Es gibt aber auch Kinder, die schon bei der Geburt einen Zahn haben. Mit drei Jahren sind in der Regel alle Zähne da.

Zähne bekommen (Zahnen) kann weh tun: Wenn ein Zahn sich durch das Zahnfleisch nach außen bohrt, fühlt sich das Kind häufig elend und weint viel. Manche Kinder sabbern, und auf ihren Wangen erscheinen rote Flecken.

Die erste „Zahnausstattung" besteht aus zwanzig *Milchzähnen*, den zweiten „Satz" mit 28 Zähnen bekommen Kinder meist zwischen dem sechsten und siebten Lebensjahr. Die vier *Weisheitszähne* wachsen bei den meisten Menschen erst nach der Pubertät .

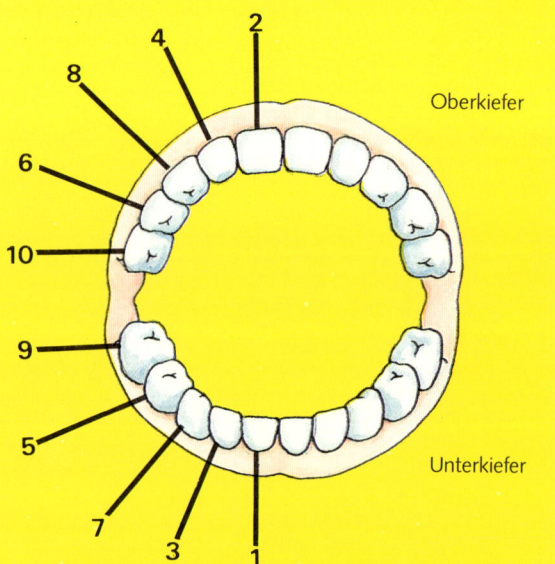

Oberkiefer

Unterkiefer

Die Zähne wachsen meistens in der Reihenfolge der Nummern in der Abbildung oben. Nur die Hälfte davon ist hier numeriert, weil der entsprechende Zahn der anderen Kiefernhälfte gewöhnlich zur gleichen Zeit erscheint.

Spielend lernen

Während der ersten zwei Lebensjahre lernen Kinder sehr viel und schnell. Das meiste eignen sie sich „spielend"
an und üben es auch durch Spielen ein. Wenn du mit einem Kind spielst, dann laß ihm viel Zeit dazu, neue
Eindrücke aufzunehmen und darauf zu reagieren. Kleinkinder brauchen dazu viel länger als größere Kinder. Die
meisten Kleinkinder können sich nur für eine kurze Zeit konzentrieren, selbst wenn es sich um Spiele handelt,
die ihnen großen Spaß machen und die sie ständig wiederholen wollen. Sie sind auf vielfältige Anregungen
durch ihre Umwelt angewiesen, und jede Beschäftigung mit anderen Menschen oder mit ganz einfachen Haus-
haltsgegenständen kann ebenso spannend und lehrreich sein wie die Beschäftigung mit vorgefertigten Spiel-
sachen. Auf dieser Seite findest du viele Anregungen zum Spielen, die in vier Gruppen eingeteilt sind.

0 bis 3 Monate

Dinge und Menschen anschauen und zuhören. Je vielfältiger, desto besser.

3 bis 6 Monate

Dinge berühren und festhalten; aber keine zu kleinen Gegenstände, da Säuglinge alles in den Mund stecken.

Dinge, die beim Draufschlagen oder Schütteln Geräusche machen.

Auf dem Knie hopsen lassen oder auf einer weichen Unterlage hin- und herkullern.

6 bis 12 Monate

Rollende Gegenstände fordern ein Kind heraus, ihnen nachzukrabbeln.

Behälter, in die man Dinge hineintun und wieder herausholen kann.

Bausteine und andere Dinge aufeinandersetzen.

Kuscheltiere und Puppen.

Badespielzeug.

In den Spiegel sehen.

Bücher, Zeitschriften und Kataloge anschauen.

Verstecken spielen.

12 Monate und älter

Dinge werfen und stoßen.

Dinge einteilen und zuordnen.

Gegenstände schieben.

Gegenstände ziehen.

Gegenstände zusammensetzen.

Materialien formen.

Behälter füllen und leeren.

Mit Reimen und Bewegungen spielen.

Sprechen lernen

Schon lange bevor ein Kind wirklich sprechen kann, nimmt es Kontakt mit seiner Umwelt auf, nämlich durch Mimik und Gestik. Es lächelt (von der 6. Woche an) und lacht (vom 4. Monat an) und gibt eine Reihe unterschiedlicher Laute von sich. Je mehr Antwort es darauf bekommt, desto mehr versucht es sich mitzuteilen. Allmählich lernt es, bestimmte Laute wiederzuerkennen, ihnen eine bestimmte Bedeutung zuzuordnen und sie schließlich selbst nachzuahmen. Es versteht gewöhnlich viele Wörter, bevor es sie selbst aussprechen kann. Hier folgt ein grober Überblick über die verschiedenen Stadien auf dem Weg zum Sprechenlernen.

Von 0 bis 6 Wochen
Das Kind schreit, öffnet schweigend den Mund und schließt ihn wieder.

Mit 6 Wochen
Das Kind gurgelt.

uh   ah   muh   pah   dah

Mit 4 Monaten
Das Kind gibt gurrende Geräusche von sich; zunächst langgezogene Vokale, später auch erste Konsonanten.

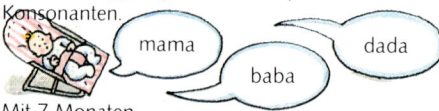

mama   dada   baba

Mit 7 Monaten
Das Kind beginnt, zweisilbige „Wörter" vor sich hin zu brabbeln, indem es die erste Silbe wiederholt.

Mit 8 Monaten
Das Kind versucht sich an schwierigeren Lauten. Es ruft, um Aufmerksamkeit zu erregen.

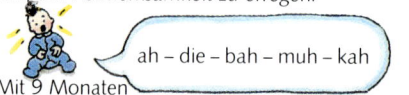

ah – die – bah – muh – kah

Mit 9 Monaten
Das Kind fügt eine Anzahl verschiedener Laute zu „Sätzen" zusammen. Es übt unterschiedliche Betonungsmuster.

Ei   haben   Ball

Mit 12 Monaten
Das Kind verwendet die ersten richtigen Wörter, mit denen fast immer bestimmte Leute oder Dinge gemeint sind, erfindet auch eigene Wörter und lernt ständig neue hinzu.

Mit 18 Monaten
Das Kind lernt neue Wörter schneller.

Betti gehn   Baby weint   Ball holt

Mit 24 Monaten
Das Kind beginnt, Wörter zu einfachen Sätzen miteinander zu verbinden.

Das Kind wird selbständiger

Je mehr das Kleinkind seinen Körper kontrollieren und seine Bewegungen koordinieren kann und je mehr es von der Welt rings umher versteht, desto unabhängiger wird es von den Menschen seiner Umgebung und desto mehr will es allein machen. Die zwei wichtigsten Schritte auf dem Weg zur Unabhängigkeit eines kleinen Kindes sind unten beschrieben:

 1

Zwischen dem dritten und sechsten Lebensmonat beginnt eine Phase, in der das Kind mehr als nur Milch braucht, um seinen Hunger zu stillen. Neben der Milch kann es alle möglichen Nahrungsmittel als Brei zu sich nehmen. Nach und nach ersetzt die feste Nahrung die Milchmahlzeit, und schließlich ißt das Kind zu den Mahlzeiten nur noch feste Nahrung.

Bald lernt es zu kauen, mit den Fingern Essen aufzunehmen und in seinen Mund zu stopfen. Dann lernt es, den Löffel zu halten und schließlich auch das Essen mit dem Löffel in den Mund zu schieben. Dabei geht auf dem Weg vom Teller zum Mund zunächst noch viel verloren, aber durch dauernde Übung lernt das Kind, den Löffel immer geschickter zu gebrauchen, bis es ganz allein essen kann.

2

Irgendwann während des zweiten Lebensjahres bemerkt ein Kind, wann es die Windel naß oder voll machen wird. Nun können ihm die Eltern behutsam und mit viel Geduld beibringen, daß es ein bevorstehendes „Geschäft" rechtzeitig ankündigt. Es dauert Monate, bis ein Kind ganz trocken wird. Auf der Toilette zu sitzen, ist für ein Kind schwieriger, weil der Sitz hoch und breit und das Becken groß ist. Es gibt jedoch Kindertoilettenbrillen. Trotzdem ist es sinnvoll, das Kind zunächst noch zu stützen. Auch beim An- und Ausziehen braucht es noch Hilfe.

Tips für Babysitter

Auf den nächsten beiden Seiten findest du jeweils zwei
Listen: Eine mit Fragen, die du stellen solltest, bevor du mit
dem Kind allein gelassen wirst, und die andere mit Sicher-
heitsregeln, die du beim Babysitten beachten mußt. Auf
dieser Seite geht es um kleinere Kinder, die sich noch nicht
selbständig vom Platz bewegen können, auf der nächsten
Seite um größere, die schon krabbeln oder herumlaufen
können. Du solltest die Eltern nie weggehen lassen, bevor
du nicht alles erfahren hast, was du selbst wissen möchtest
und was die Eltern von dir erwarten.

Telefonnummern

Folgende Telefonnummern mußt
du dir immer geben lassen:
1. Telefonnummer und Adresse
des Ortes, an dem sich die Eltern
aufhalten.
2. Telefonnummer des Kinder-
oder Hausarztes.
3. Telefonnummer eines erwachsenen Freundes oder Verwandten, der in der Nähe wohnt.

Fragen an die Eltern eines Säuglings

Muß ich ihm eine Flasche geben? Wenn ja, soll ich ihm Milch, Saft,
oder Tee geben? Soll das Getränk warm oder kalt sein? Wann soll ich
die Flasche geben? Laß dir genaue Anweisungen über die Zubereitung der Milch geben.
Muß ich es wickeln? Wo sind die Windeln und was brauche ich sonst
noch dazu? Wie und wo wird es gewöhnlich gewickelt? Wird das
Kind schlafen wollen? Nimmt es irgend etwas mit ins Bett, das ihm
das Einschlafen erleichtert? Soll ich irgend etwas mit ihm tun, damit
es einschläft? Schläft es auf dem Bauch, auf der Seite oder auf dem
Rücken?

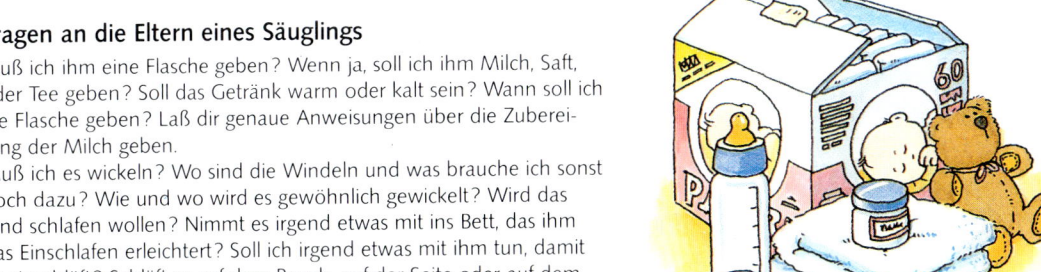

Sicherheitsregeln für den Umgang mit Säuglingen

Laß ein Kind nie seine Flasche
allein trinken, denn es könnte
sich verschlucken und ersticken.
Leg einem Kind beim Schlafen
nie ein Kissen unter den Kopf,
denn es könnte darunter ersticken.
Stell einen Kindersitz, in dem das
Kind sitzt, nie auf einen Tisch
oder ein Sofa. Das Kind könnte
den Stuhl mit den Füßen fortbewegen und herunterfallen.
Das Gesicht des Kindes sollte nie
starkem Sonnenlicht ausgesetzt
sein.

Laß ein Kind nie allein auf einem
Tisch oder einem Bett liegen.
Auch wenn es noch nicht krabbeln kann, kann es sich vielleicht
herumrollen und herunterfallen.
Halte dich am Geländer fest,
wenn du ein Kind die Treppe
hinauf- oder hinunterträgst; so
verlierst du dein Gleichgewicht
nicht und fällst nicht.
Laß den Säugling nie von anderen Kindern herumtragen.

Sorge dafür, daß sich weder
Hund noch Katze zu einem
Säugling ins Bett legen. Vor allem
Katzen rollen sich gern an war-
men Stellen zusammen wie auf
Gesicht oder Brust des Kindes. Es
könnte dadurch ersticken.
Laß nie etwas Heißes in der
Nähe des Kindes stehen, denn
es könnte sich verbrennen.
Paß auf, daß das Kind nichts in
den Mund steckt. Es könnte sich
daran verschlucken, verletzen
oder ersticken.

Fragen an die Eltern eines Kleinkinds

Kleinkinder erfassen schon viele Veränderungen in ihrer Umgebung, und meistens dauert es eine Weile, bis sie sich an einen neuen Babysitter gewöhnen. Deshalb solltest du dich schon ein wenig mit dem Kind beschäftigen, bevor die Eltern weggehen. Kinder legen in diesem Alter außerdem großen Wert darauf, daß alles so abläuft, wie sie es gewohnt sind.

Muß ich ihm etwas zu essen oder zu trinken geben? Welche Tasse, welchen Teller oder Löffel soll ich verwenden? Braucht es ein Lätzchen? Auf welchem Stuhl sitzt es beim Essen? Muß ich es wickeln oder ihm helfen, auf den Topf oder auf die Toilette zu gehen? Was sagt es, wenn es aufs Klo muß?

Wann muß es ins Bett? Wie wird es gewöhnlich ins Bett gebracht? Hat es irgendein Schmusetier oder ein Spielzeug, das es mit ins Bett nimmt? Was mache ich, wenn es nicht schlafen will oder schreiend aufwacht?

Sicherheitsregeln für den Umgang mit Kleinkindern

Laß ein Kind, das schon krabbeln kann, nie allein in einem Zimmer, es sei denn im Laufstall. Stell dich hinter das Kind, wenn es irgendwo hinaufklettert, und halte dich bereit, es aufzufangen. Paß auf, daß es keine scharfen Gegenstände in die Hand nimmt und daß es nichts in den Mund nimmt, was es verschlucken könnte.
Laß es nie allein die Treppe hinauf- oder hinuntergehen.
Laß es nie mit einer Plastiktüte spielen, denn es könnte sie sich über den Kopf ziehen und darin ersticken.

Paß auf, daß es nichts vom Tisch oder vom Herd zieht, wie eine Tischdecke, ein Bügeleisen oder einen Kochtopf.
Halte Messer, Gabel, Schere, Licht, Gläser und Nadeln aus seiner Reichweite. Aber nicht nur scharfe oder spitze Gegenstände, sondern auch heiße Getränke können gefährlich sein.
Laß das Kind nicht an Steckdosen und elektrischen Steckern, mit Streichhölzern, offenem Feuer, am Backofen, an den Herdplatten oder an Heizöfen spielen.

Halte Medikamente, Spül- und Waschmittel unbedingt vom Kind fern, denn es könnte sie probieren wollen.
Laß das Kind nie allein in einem Kinderhochstuhl sitzen.
Laß das Kind nie allein in einer gefüllten Badewanne oder einem Planschbecken.
Paß beim Spielen mit Türen und Fenstern auf, denn das Kind kann sich dabei leicht die Finger einklemmen oder den Kopf anschlagen.

Register